So funktioniert das

Kauderwelsch-Prinzip

1. Die zusätzliche Wort-für-Wort-Übersetzung verdeutlicht die fremde Satzstruktur. Grüne Hinterlegungen zeigen Lücken zum Einsetzen von Wörtern bzw. Alternativen zum Auswählen an.

Fremdsprache	**Hvar er umferðamiðstöðin?**
Lautschrift	*kvar är ümfärðameðstöðen*
Wort-für-Wort	*wo ist Busbahnhof-der*
Übersetzung	Wo ist der Busbahnhof?

2. Dies erleichtert anschließend das Einfügen der gewünschten Wörter in die Sätze.

veitingahús *(s2)**

verslun *(w5)*

bensínstöð *(w3)*

verkstæði *(s3)*

*In Klammern ist die Beugungsklasse des Wortes angegeben (s. Seite 23).

Im Wörterbuch am Ende des Buches gibt es noch mehr Wörter, die man beliebig austauschen kann.

Inhalt

Isländisch lernen

Isländisch sprechen

Wörterbuch

Auf einen Blick

Isländisch

Isländisch, Eigenbezeichnung **íslenska**, ist Amtssprache in Island und wird von den ca. 380.000 Einwohnern dort als Erstsprache gesprochen.

3

besondere Buchstaben

hat Isländisch: **ð þ æ.** Sie kamen mit angelsächsischen Missionaren ins Land.

53

Beugungsklassen

gibt es im Isländischen. Viele beinhalten aber nur ein paar Wörter.

0

Dialekte

weist das Isländische auf. Es variiert kaum in den einzelnen Landesteilen Islands.

Vorwort

Island – das ist das Land von Gletschern und Vulkanen, Pferden, Björk und Skyr. Island ist aber auch das Land einer der urtümlichsten Sprachen Europas, die sich in den letzten tausend Jahren weitaus weniger verändert hat als Deutsch. Das gab es so ja noch gar nicht, als die ersten Siedler ihre altwestnordische Sprache mit auf die Insel brachten. Seither wurde das Isländische durch sagenhaftes Literaturschaffen gehegt und gepflegt, gleichzeitig aber immer behutsam an die Erfordernisse der Zeit angepasst. Auf allen wissenschaftlichen und technischen Gebieten ist es gelungen, genuin isländische Wörter zu prägen. Man kann in Isländisch über Atomphysik oder Zyklen auf den Finanzmärkten diskutieren, (fast) ohne ein einziges „internationales" Wort zu gebrauchen. Es heißt nicht „mikroskopi" oder so ähnlich, nein, die Isländer benutzen eine **smásjá** („Kleinschau") im Labor, die mit Elektronen betrieben denn auch konsequent **rafeinda-smásjá,** wörtlich „Reibeeinheiten-Kleinschau" heißt.

Die Isländer sind ihrer Sprache, ihren Sagas und Dichtern innigst verbunden – viel mehr, als wir uns das vorstellen können – und schätzen es sehr, wenn Besucher des Landes ihrer Sprache Interesse entgegenbringen. Umso mehr, als sie das in der Regel nicht erwarten. Mit Englisch kommt man zwar schon so durch, es ist aber, so meine Erfahrung, eine ganz andere, entschleunigte und viel tiefergehende Reise, wenn im fremden Land hier eine Aufschrift plötzlich Sinn ergibt und dort ein Gesprächsfetzen verständlich wird. Es ist schon ein klein wenig etwas Besonderes, wenn man auf die Frage **Talar þú íslensku?** „Sprichst du Isländisch?" antworten kann: **Já, ég tala pínulítið íslensku.** – „Ja, ich spreche ein bisschen Isländisch."

Gute Reise, wenig Regen und viele freudige, erfolgreiche Momente beim Isländisch-Ausprobieren! **Richard H. Kölbl**

Top 5

Typisch Isländisch

№1 Skyr

Dieses Molkeprodukt beruht auf ganz eigenen Bakterienkulturen und war früher im Norden weit verbreitet. Überlebt hat die eigentliche Skyrherstellung aber nur in Island. Erst nach 2010 kam das (!) Skyr außerhalb Islands in den verschiedensten Ausprägungen in Mode, nachdem isländische Skyrbeauftragte einen beispiellosen Werbefeldzug dafür gestartet hatten.

№2 Elfenbeauftragte

Anders als immer wieder behauptet wird, gibt es keine offiziellen Elfenbeauftragten im Straßenbauamt. In strittigen Fällen werden allerdings alle möglichen Fachleute zu Rate gezogen, bis hin zu Privatpersonen, die angeblich mit Elfen Kontakt aufnehmen können. Das geschieht dann, wenn Elfenfelsen vom Straßenbau betroffen sind und sich Unfälle und Schäden an Baugeräten häufen. Im Netz gibt es einige Zeitungsberichte davon, dass nach der Vermittlung alles wieder reibungslos lief.

№3 Klima

Etwa 270 Gletscher und Eisfelder verzeichnet die Nationale Energiebehörde. In 200 Jahren werden die allermeisten davon verschwunden sein – der Snæfellsjökull wohl schon in wenigen Jahrzehnten.

№4 Alte Literatur

Heutige Isländer können zwar die alten Texte aus dem 11. und 12. Jahrhundert und danach durchaus lesen. Das sind z.B. die Isländersagas, die zwei Eddas oder die Hávamál mit den Sprüchen Odins. Ganz ohne Hilfe tun sie sich aber dennoch bisweilen schwer, vor allem bei kunstreicher Sprache. Wortschatz und Ausdrucksweise haben sich nämlich seither ganz schön verändert, sodass die klassischen Literaturausgaben mit Erläuterungen versehen sind, und manches versteht man heute schlicht nicht mehr ganz.

№5 Vulkane

30 Vulkane auf einer Fläche so groß wie Süddeutschland gelten als potentiell aktiv und werden lückenlos überwacht. Statistisch bricht alle 5 - 6 Jahre ein Vulkan aus.

Die isländische Sprache

Das Isländische ist mit dem Färöischen, Norwegischen, Dänischen und Schwedischen verwandt. Wie diese Sprachen ist es aus dem Altwestnordischen hervorgegangen, das bis ca. ins 11. Jahrhundert relativ einheitlich in Skandinavien, auf den Färöern, Shetlands und Orkneys gesprochen wurde.

Norwegische Auswanderer, die keine Lust hatten, einem selbstberufenen Norwegerkönig Steuern zu zahlen, brachten ab 874 n. Chr. das Altwestnordische mit auf die nordatlantischen Inseln, wo sie außer einigen irischen Mönchen nur unbesiedeltes Land vorfanden. Seit dieser Zeit haben sich vor allem Aussprache und grundlegende grammatikalische Züge im Isländischen nur wenig vom Altwestnordischen wegentwickelt. Anders als Dänisch, Schwedisch und Norwegisch behielt Isländisch das ausgefeilte System von Beugungsendungen bei fast allen Wortklassen bei, mit nicht wenigen Ausnahmen von den Regeln.

Durch die bis heute in weit größerem Maße als bei uns gepflegte Erzähl- und Dichtkunst mit ihrer Fülle an Stab- und Binnenreimregeln blieb auch ein großer Teil des alten Wortschatzes zumindest präsent. Zitate aus den Sagas, die im 12. Jahrhundert in Island niedergeschrieben wurden, gehören zum isländischen Allgemeinwissen. Es ist bis heute gern gesehen, wenn Besucher im **gestabók** (Gästebuch) einen spontan gedichteten Vierzeiler hinterlassen, mit Stab- und Binnenreimen, versteht sich.

Trotz jahrhundertelanger Zugehörigkeit Islands zum dänischen Königreich blieb der Einfluss des Dänischen auf das Isländische gering, wenngleich Danismen (also aus dem Dänischen eingeführte Begriffe) in besseren Kreisen als schick galten und von anderen ebenso bekämpft wurden wie bei uns mancher überflüssige Anglizismus. Bis heute versucht eine Sprachkommission die Ausdrucksfähigkeit des Isländischen an die technischen und sonstigen Neuerungen anzupassen, indem neue Wörter **(nýyrði)** aus dem nordisch-isländischen Sprachkorpus selbst geschaffen werden. Es gibt keine „internationalen“ Wörter wie **helikopter, telefon** oder Ähnliches, sondern ersterer heißt **þyrla,** was etwa „Wirbler“ bedeutet und für letzteres hat man ein vergessenes Wort aus dem Altwestnordischen wiederbelebt: **sími** „Draht“.

Dennoch finden immer mehr Anglizismen in die Alltagssprache Eingang, etwa **kósí, kommon, Kræst!** oder **plís** *(cosy, common, Christ, please)*. Immerhin schreibt man sie in isländischer Orthographie. Und die Regel, dass englische Aufschriften auf Geschäften entweder ganz verpönt oder zumindest deutlich kleiner als das isländische Pendant anzubringen sind, wurde bei den seit 2010 exponentiell wachsenden Besucherzahlen allmählich fallengelassen. Früher undenkbar, heute Realität: Eine Supermarktkette mit englischem Namen, ganz auf touristische Bedürfnisse eingestellt. Und ganz langsam veralten auch einige der isländischen Wortschöpfungen. So kann man heute statt des poetischen **rafgeymir** – wörtlich übersetzt „Bernsteinbehälter” – auch ganz prosaisch **batterí** sagen ...

Hinweise zur Benutzung

Isländisch lernen

Der erste Teil zeigt, wie Isländisch „funktioniert" und liefert das Handwerkszeug, um eigene isländische Sätze zu sprechen.

Sollten Sie zu den Menschen gehören, die lieber einen Bogen um das Thema Grammatik machen: Keine Sorge! Die wichtigsten Regeln werden auch für Laien verständlich erklärt und mit praktischen Beispielen veranschaulicht. Die Wort-für-Wort-Übersetzung (Seite 1) hilft dabei, den Satzbau nachzuvollziehen und selbst anzuwenden.

Isländisch sprechen

Im zweiten Teil dreht sich alles ums Sprechen. Für alle möglichen Lebenslagen auf Reisen gibt es Beispiele, in die man nur noch das passende Wort einsetzen muss. Praktische Tipps und Infos zum Reiseland erleichtern das Ankommen.

Trauen Sie sich und versuchen Sie Ihre ersten Schritte in der Fremdsprache! Sie zeigen damit Interesse und Respekt – und schon ist das Eis gebrochen, auch wenn man mal einen Fehler macht. Sie werden völlig andere Dinge erleben als „sprachlose" Reisende, und Sie werden feststellen: Sprache öffnet Türen und Herzen.

Den ersten Schritt dazu haben Sie mit diesem Buch bereits in der Hand. Übrigens: In Gesprächen werden kleine Sprachkenntnisse größer!

Am Ende des Buches finden Sie ein Wörterbuch zum Nachschlagen in beiden Richtungen. Praktische Umschlagklappen geben einen Überblick der wichtigsten Sätze.

?

Isländisch lernen

Isländisch hat sich aus dem Altwestnordischen einen Formenreichtum bewahrt, der aus anderen skandinavischen Sprachen längst verschwunden ist. Es gibt zwar wie im Deutschen nur vier Fälle, aber eine Vielzahl regelmäßiger Beugungsmuster.

In diesem Zusammenhang werden Sie auch Bekanntschaft machen mit der Ö-Regel, der Ausfallregel und drei verschiedenen Wörtern für „sich".

Die Fälle sind in der isländischen Grammatik leider in anderer Reihenfolge nummeriert, als wir es gewohnt sind. Daher wurde auf die Kennzeichnung mit Ziffern verzichtet und stattdessen Abkürzungen verwendet, wie *(Akk)*, *(Dat)* etc.

Alphabet und Aussprache

Das isländische Alphabet hat 32 Buchstaben: **a á b d ð e é f g h i í j k l m n o ó p r s t u ú v x y ý þ æ ö.** Die isländische Aussprache hat den Vorteil, dass sie sehr regelmäßig ist, im Gegensatz z. B. zum Englischen. Allerdings verwendet Isländisch einige für Deutschsprechende ungewöhnliche Laute und Lautkombinationen. Die Erfahrung zeigt außerdem, dass sich die Isländer etwas schwertun, Isländisch mit fremdem Akzent zu verstehen. Daher empfiehlt es sich, am Anfang langsam und deutlich zu sprechen.

Vokale (Selbstlaute)

Es gibt lange und kurze Vokale, doch sind sie nicht bedeutungsunterscheidend. Um jedoch der richtigen Aussprache möglichst nahe zu kommen, habe ich in manchen Fällen lange Vokale durch doppelte Vokale in der Lautschrift gekennzeichnet.

Das Akzentzeichen über **á, é, í, ó, ú** hat nichts mit Betonung zu tun, sondern verändert die Aussprache, wie in der Tabelle gezeigt wird. Es folgt jeweils ein isländisches Beispielwort mit Übersetzung. In *Lautschrift* steht das isländische Beispielwort, wie es auf Deutsch geschrieben werden würde.

a	helles *a* wie „Tasse", vor **ng** oder **nk** wie *au* in „faul"	**gat** *gaat* Loch, **langt** *laungt* lang
á	*au* wie in „faul"	**má** *mau* dürfen
e	*ä* wie „Bär"	**te** *tää* Tee
é	*jä* wie „jäh"	**él** *jääl* Schneefall, **tré** *trjä* Baum
i	kurz wie in „mit" *(ė)*, lang fast wie in „See", aber mehr nach *ie*	**lita** *tėl* zu, **lita** etwa wie *leeta* färben
í	spitzes *i* wie in „nie"	**líta** *liita* schauen
o	offenes *o* wie „offen"	**oft** *oft* oft
ó	wie *ou*	**tóm** *toum* leer
u	wie *ü* in „Müll", vor **ng** und **nk** wie *u* in „Kuh"	**um** *üm* um, **ungur** *ung-gür* jung
ú	*u* wie in „Kuh"	**úr** *uur* Uhr; aus
y	genau wie das isländische **i** (s.o.)	**ys** etwa *ees* Lärm
ý	genau wie das isländische **í** (s.o.)	**ýsa** *iisa* Schellfisch
æ	*ai* wie dt. „Kaiser"; der Großbuchstabe sieht so aus: **Æ**	**bær** *bair* Stadt
ö	*ö* wie „öffnen"; vor **ng** und **nk** wie *öi*	**öl** *öl* Bier, **söngur** *söing-gür* Gesang

Das isländische **i / y** liegt zwischen dem deutschen *ee* wie in „See" und *i* wie in „mit". Deshalb verwende ich in der Umschrift ein e mit i-Punkt *ė* für den **kurzen** Laut: **til** *tėl* „zu". Um das **lange** isländische **i** zu treffen, versuchen Sie mal, in „mit, hip, Dill" das *i* lang zu sprechen, ohne dass es so spitz wie in „Miete, Hiebe, Diele" wird, sondern fast wie *ee* in „See" klingt: **lita** *leeta* „schauen".

Das isländische **í / ý** dagegen ist so spitz bzw. eng wie deutsches langes *ie*, sodass in isländischer Schreibweise **Míte, Híbe, Díle** korrekt wären. Der Unterschied zwischen **i** bzw. **y** einerseits und **í** bzw. **ý** andererseits ist bedeutungsunterscheidend: **dyr** *deer* Tür, **dýr** *diir* Tier. Das isländische **u** klingt ähnlich wie *ü* in „Müll, Fülle, Tüll", aber eher nach *ö* hin, keinesfalls so spitz wie langes *ű* in „Mühe, Fühler, Türe".

Doppellaute (Diphthonge)		
ei, ey	wie *äi*	**nei** *näi,* **hey** *häi* Heu
au	wie *öi*	**auk** *öik* außer

Konsonanten (Mitlaute)

Doppelte Konsonanten sollten etwas nachdrücklicher ausgesprochen werden als einfache, weil sich manche Wörter durch sie unterscheiden: **vera** *vära* ist das Verb „sein", **verra** *värra* bedeutet „schlechter"!

Viele Doppellaute werden aber anders ausgesprochen als die einfachen; siehe folgende Übersicht. „WA" bedeutet Wortanfang, „WE" Wortende und „WM" Wortmitte. In Klammern steht bei einigen noch der Name des Lautes dabei.

b	*b* wie „Beere"	**ber** *bär* Beere
d	*d* wie „Dach"	**dós** *dous* Dose
ð (**eð**)	stimmhaftes *th* wie engl. „this"; der Großbuchstabe: **Ð**	**eða** *äða* oder
f	am WA und vor **k, s, t** wie *f* in dt. „fern"	**fá** *fau* wenige
fl	am WA *fl*, sonst wie *bbl*	**fleira** *fläira* mehr, **efli** *äbblė* Kraft
fn	wie *bbn*	**efni** *äbbnė* Stoff
f	sonst immer wie *v* in „Vase"	**hafa** *haava* haben

g	am WA vor **a, á, o, ó, u, ú, ö** und Mitlauten wie *g* in „gut"	**góð** *gouð* gut, **gler** *glär* Glas
	in der WM vor **a, á, o, ó, u, ú, ö** und **ð, r, s, t** sowie am WE wird es ganz weich ausgesprochen, etwa wie ein stimmhaftes *ch* (Umschrift: *G*)	**aga** *aaGa* strafen
	vor allen anderen Mitlauten in der WM wie *gg* in „Egge"	**nögl** *nöggl* Nagel
	vor **e, i, í, y, ý, æ** immer wie *gj*	**leggja** *läggja* legen, **gefa** *gjäva* geben
gi, gj	nach jedem Selbstlaut werden **gi** und **gj** wie *ij* gesprochen	**í lagi** *i laijė* in Ordnung, **segja** *säija* sagen
h (há)	wie *h* in „Haus"	**hús** *huus* Haus
hj	**hj** klingt wie *chj* in „Mädchen"	**hjá** *chjau* bei
hl	deutliches *H* vor dem *l* sprechen	**hlaupa** *Hlöipa* laufen
hn	deutliches *H* vor dem *n* sprechen, das *n* ist kaum zu hören	**hneta** *Hnäta* Nuss
hr	deutliches *H* vor dem *r* sprechen	**hraun** *Hröin* Lava
hv	wie *kv* in „Quark"	**hval** *kval* Wal
j	(Name: **joð**) wie *j* in dt. „ja"	**já** *jau* ja
k	(Name: **ká**) vor **a, á, o, ó, u, ú, ö**, vor Mitlauten (außer **s** und **t**) und am WE wie *k* in „Karte"	**aka** *aaka* Auto fahren
	vor **s** oder **t** wie *ch* in „Dach"	**ekta** *ächta* echt
	vor **e, i, í, y, ý, æ** wie *kj*	**kæri** *kjairė* lieb
kk	wird wie *Hk* gesprochen: deutliches *h* hauchen und mit *k* schließen	**ekki** *äHkjė* nicht

kl, kn	am WA wie *kl* bzw. *kn*	**klár** *klaur* klug; **knár** *knaur* keck
kl und **kn**	im Wort und am WE wie *Hkl* bzw. *Hkn*, also mit hörbarem H davor	**Hekla** *häHkla* (Name eines Vulkans)
l (ell)	*l* wie in „Luft"	**loft** *loft* Luft
ll	außer vor **k, p, t,** wie *ttl* in „Vermittler"	**falla** *fattla* fallen
	vor **k, p, t** und in manchen Ausnahmen ist **ll** ein einfaches *l*	**allt** *alt* alles
m	wie *m* in „Maus"	**mús** *muus* Maus
n	wie *n* in „Nacht"	**nes** *nääs* Halbinsel
nn	nach **á, é, í, ó, ú, ý, æ, ei, ey, au** wie *ttn* in „Brettnagel"	**fínna** *fittna* feineres
ng	**ng** wie *ng + g* in „Langgasse"	**langa** *laung-ga* wollen
p	wie *p* in „Paul"	**Páll** *pauttl* Paul
pp	**p** und **pp** vor **k, s, t** wie *f*	**skipta** *skjėfta* wechseln
	pp sonst stets wie *Hp*	**happ** *haHp* Glück
pl	am Wortanfang wie *pl*	**plan** *plan* Plan
pl, pn	im Wort und am WE wie *Hpl* bzw. *Hpn*	**epli** *äHplė* Apfel
r	rollendes Zungenspitzen-*r* wie im Italienischen; Deutschsprechende müssen sich etwas bemühen, das **r** nicht wie „a" zu sprechen!	**rok** *rok* stürm. Wind, **sandur** *sandürr* Sand (nicht „sandüa")
rl	**rl** wie *rtl* in „Wortlaut"	**perla** *pärtla* Perle
rn	**rn** wie *rtn* in „Gärtner"	**gjarna** *gjartna* gern

s	immer stimmlos wie in „essen”	**sól** *soul* Sonne
t	wie *t* in „Tonne”	**tap** *tap* Verlust
tt, tl, tn	wie *Ht*, *Htl* bzw. *Htn*: deutliches *H* mit *t* schließen	**gott** *goHt* (gut), **Katla** *kaHtla* (Name eines Vulkans)
v (vaff)	stimmhaftes *v* wie „Vase”	**vara** *vaara* Ware
x	wie *ch-s* in „Lachsalve”, nicht wie „ks” in „Lachs”!	**vaxa** *vach-sa* wachsen
þ (þorn)	wie das stimmlose *th* in engl. „thunder”. Der Großbuchstabe sieht so aus: **Þ**	**þú** *thu* du

Buchstabieren

c heißt **sé, q** heißt **kú** und **w** heißt **tvöfalt vaff.** Das große *H* in der Umschrift bedeutet: das *H* wird deutlich hörbar gesprochen und ist kein Dehnungszeichen!

Anmerkungen zur Aussprache

Für uns ungewohnte Lautverbindungen machen nicht selten einen Unterschied in der Wortbedeutung aus:

hraun	*Hröin*	Lava
raun	*röin*	Wahrheit
finna penna	*fènna pänna*	einen Stift finden
fínni penna	*fittnė pänna*	feineren Stift
þaka	*thaaka*	Dächer
þakka	*thaHka*	danke

Beachten Sie, dass sich die Aussprache immer nach der Schreibung richtet. Wenn sich durch die Beugung das Wort ändert, können ganz regelmäßig mitten im Wort neue Laute auftreten, die vorher nicht da waren. Beispielsweise wird **jökull** „Gletscher“ in der Grundform ganz regelkonform wie *jööküttl* gesprochen, mit langem, spitzem *ö* wie in „Höhle“. Im Dativ lautet die Form **jökli**. Hier tritt ebenfalls ganz regelkonform vor dem **kl** das gehauchte Binnen-*H* auf: *jöHklė* mit kurzem, offenem *ö* wie in „Löcher“.

Ungewohnte Lautverbindungen

Im Deutschen gibt es zwar die Lautverbindungen *Hk*, *Hp* oder *Ht* nicht. Sie können sie sich aber mit etwas Übung aneignen. Beginnen wir bei *Hk*: Sprechen Sie zunächst das deutsche „Hecke“ ganz normal. Dann wiederholen Sie das Wort, wobei Sie das „e“ immer kürzer sprechen, bis das „H“ an „-cke“ stößt: „H-cke“. Wenn sich das ein wenig keuchend anhört, ist es richtig. *Hk* sollte aber nicht nach *chk* klingen, sondern *H-k* bleiben. Ebenso können Sie sich *Hp* mit z. B. dem Wort „Hippie“ erschließen und *Ht* mit „Hütte“. Besonders *Ht* soll nicht nach *cht* klingen, weil das bedeutungsunterscheidend ist: **þetta** „dieses“ wird als *thäHta* gesprochen, während **þekkta** „bekannte“ den Laut *ch* vor *t* hat: *thächta.*

Endungen -ur und -ir

Vielen fallen zu Beginn die unbetonten Endungen **-ur** bzw. **-ir** schwer. In **sandur** „Sand“ sollte die Endung **-ur** eher wie ein gemurmeltes, sehr kurzes, *ö*-nahes *-ü* mit deutlich hörbarem *-r* klingen: *sandürr.* Die Endung **-ir** wie in **endir** „Ende“ klingt fast wie ein angehängtes *-irr* mit kurzem *i* (ohne jeden Klang nach *a*) und deutlich hörbarem *-r: ändirr.*

„Verschluckte" Laute

Die Isländer sprechen oft schnell und verschleifen viel, das heißt, das **ð, f, g** und **h** fallen bisweilen aus. So wird z. B. der Satz

> **þetta á að vera einhvers staðar**
> *thäHta au að vära äinkvärs staðar*
> *das hat zu sein eines Ortes*
> das muss irgendwo sein

... schnell gesprochen wie: *thäHtaua vära äingkvürstar!*

Die Laute **l, m, n** und **r** werden im Süden Islands oft so stimmlos gesprochen, dass man sie kaum hört, besonders am Wortende, so klingt z. B. **logn** („Windstille") etwa wie *lok,* **henta** („passen") wie *häHta.*

Betonung und Satzmelodie

Die Betonung liegt immer auf der ersten Silbe. In Fragen sprechen die Isländer das wichtigste Wort (hier: **bjart**) am höchsten von allen anderen aus und senken am Satzende die Stimme:

> **Verður veðrið bjart á morgun?**
> *värður väðrèð bjart au morgün*
> *wird Wetter-das klar auf morgen*
> Wird das Wetter morgen schön?

Ö-Regel und Ausfallregel

Gleich zu Anfang soll auf zwei Regeln hingewiesen werden, die für alle Wortarten (Nomen, Adjektive etc.) gelten.

Ö-Regel

Die Ö-Regel besagt, dass ein **-a-** in einem Wortstamm zu **-ö-** umgelautet wird, wenn eine Endung angehängt wird, die **-u-** oder **-v-** enthält. Über Wortstämme und Endungen mehr in den nächsten Kapiteln.

Wenn z. B. an **flask-** (Wortstamm von **flask·a** „Flasche") die Beugungsendung **-u** (für den Genitiv Singular) angehängt wird, wird daraus **flösku** („der Flasche"). Erhält **stöð** („Stelle, Station") die Pluralendung **-var,** bleibt wegen des **-v-** das **-ö-** erhalten: **stöðvar** „Stellen, Stationen". Bei einigen Wörtern und Wortformen ist das **-u** einer früheren Endung weggefallen, der Ö-Umlaut blieb aber erhalten, z. B. bei **höfn** („Hafen"). Tritt an solche Wörter eine andere Endung, wandelt sich **ö** wieder zu **a: hafnir** („Häfen").

Die Regel gilt **nicht** für die männliche Grundform (Nominativ) der Nomen und Adjektive. So heißt „faul" in der männlichen Grundform **latur,** in der weiblichen aber **löt** *(Ö!).* Immer wenn die Ö-Regel angewendet wurde oder werden muss, steht der Hinweis *(Ö!).*

Ausfallregel

Wenn an ein Wort bestimmte Endungen angehängt werden, können auch Selbstlaute aus dem Wortstamm weg- bzw. ausfallen. Das nenne ich „Ausfallregel". Wenn z. B. an **akur-** (Stamm von „Acker") die Endung **-i** (für den Dativ Singular) angehängt wird, wird daraus: **akri.** Überall dort, wo die Ausfallregel gewirkt hat, habe ich das Wort mit *(A!)* gekennzeichnet.

Fälle

Im Isländischen kommen wir um die Fälle, also um die Beugung von Nomen, Adjektiven und des Artikels, nicht herum. Es kennt dieselben vier Fälle wie das Deutsche:

1. Nominativ (Wer?) z. B.: der Mann
2. Genitiv (Wessen?), z. B.: das Auto des Mannes
3. Dativ (Wem?) , z. B.: Ich zeige es dem Mann.
4. Akkusativ (Wen?), z. B.: Ich sehe den Mann.

Die Reihenfolge der Fälle ist im Isländischen aber leider anders als im Deutschen:

1. Nominativ
2. Akkusativ
3. Dativ
4. Genitiv

Diese Reihenfolge haben auch die Isländer so verinnerlicht. Deswegen wird sie im Folgenden auch beibehalten. Steht ein Nomen, Adjektiv oder Personalpronomen im Akkusativ *(Akk)*, Dativ *(Dat)* oder Genitiv *(Gen)*, ist dies in der Wort-für-Wort-Übersetzung gekennzeichnet:

hests	*Pferd(Gen)*	Pferdes
flatan	*flach(Akk)*	flachen
mér	*mir(Dat)*	mir

Nomen

Die Nomen werden in Beugungsklassen eingeteilt anhand der Endungen, die sie im Genitiv Einzahl und Nominativ bzw. Akkusativ Mehrzahl bekommen. Es gibt eine ganze Reihe dieser Beugungsklassen, aber wir können uns auf einige ausgewählte beschränken, in denen die meisten gängigen Wörter enthalten sind.

Geschlecht

Ebenso wie im Deutschen gibt es männliche, weibliche und sächliche Wörter (abgekürzt: m, w, s), Einzahl (Ez) und Mehrzahl (Mz).

Dabei bestehen die isländischen Nomen aus einem Stamm und einer Endung: **hund·ur** „Hund". **hund-** ist der Stamm und **-ur** die Endung. In den Wortlisten und im Kapitel „Beugung der Nomen" sind die verschiedenen Beugungsklassen durchnummeriert (z. B. m1, w2, s3, m4, m5 usw.). Die Nomen einer Beugungsklasse folgen immer demselben Beugungsmuster, z. B. verhalten sich alle Nomen auf **-ing** (Klasse w2) gleich. Bei anderen Klassen gibt es z. B. mehrere Mehrzahlendungen, weswegen in den Wortlisten in diesen Fällen immer Genitiv Einzahl und Nominativ Mehrzahl mit angegeben wird.

Die Endungen verursachen neben der Ö-Regel und der A-Regel auch noch andere, klassenspezifische Änderungen im Stamm; siehe die Beispieltabellen im Anhang. Zu welcher Gruppe ein Nomen gehört und welches Geschlecht es hat, muss für jedes einzeln gelernt werden. Daneben gibt es einige häufige Wörter, die in keine Gruppe passen.

Beugung der Nomen

Gleich zu Beginn die wichtigsten Gemeinsamkeiten bei den Beugungsendungen:

Die Ö-Regel muss bei den Endungen **-u, -um, -ur, -va** und **-var** beachtet werden, nur nicht im Nominativ Ez auf **-ur.** Sie tritt auch als Überbleibsel in einigen Fällen auf, wo das Endungs-**u** heute weggefallen ist. Das ist in den Tabellen angegeben.

Für alle Nomen gilt: Die Mehrzahlendung im Genitiv ist fast immer **-a** (seltene Ausnahme: **-na**) und im Dativ immer **-um.**

Für alle weiblichen und sächlichen Hauptwörter gilt: Die Mehrzahlendung im Nominativ und Akkusativ ist immer gleich.

Ein Großteil der männlichen Nomen endet im Nominativ Mehrzahl auf **-ar,** der Akkusativ Mz endet dann immer auf **-a.** Enden sie im Nominativ Mz jedoch auf **-ir,** lautet die Endung im Akkusativ Mz **-i.**

Die Beugungsklassen m1, w1, s1

Diese drei Klassen gehören zu den einfacheren, da es kaum Ausnahmen gibt.

Nomen der Klasse m1 sind männlich und enden im Nominativ Einzahl (Ez) immer auf **-i,** in der Mehrzahl (Mz) auf **-ar.** Eine Untergruppe bilden die auf **-andi,** die in der Mehrzahl immer auf **-endur** enden.

Nomen der Klassen w1 (weiblich) und s1 (sächlich) enden in der Einzahl immer auf **-a.** In der Mehrzahl enden die w1 immer auf **-ur,** die s1 auf **-u.**

m1	**tími**	Stunde, Zeit
	Ez	Mz
Nom.	**tím·i**	**tím·ar**
Akk.	**tím·a**	**tím·a**
Dat.	**tím·a**	**tím·um**
Gen.	**tím·a**	**tím·a**

m1	**eigandi**	Besitzer
	Ez	Mz
Nom.	**eigand·i**	**eigend·ur**
Akk.	**eigand·a**	**eigend·ur**
Dat.	**eigand·a**	**eigend·um**
Gen.	**eigand·a**	**eigend·a**

w1	**króna**	Krone (Währung)
	Ez	Mz
Nom.	**krón·a**	**krón·ur**
Akk.	**krón·u**	**krón·ur**
Dat.	**krón·u**	**krón·um**
Gen.	**krón·u**	**krón·a**

s1	**auga**	Auge
	Ez	Mz
Nom.	**aug·a**	**aug·u**
Akk.	**aug·a**	**aug·u**
Dat.	**aug·a**	**aug·um**
Gen.	**aug·a**	**aug·na**

Männliche Nomen: Klassen m2 bis m6

Diese Wörter haben im Nominativ Ez vier mögliche Endungen:

1. **-ur,** z. B. **hest·ur** „Pferd“: m2

2. keine Endung, z. B. **akur** „Acker“: m3. Hier gehört das **-ur** zum Stamm und die Ö!-Regel greift im Nominativ nicht. Bei vokalischen Endungen tritt A! auf.

3. **-ir,** z. B. **lækn·ir** „Arzt“: m4

4. **-n,** z. B. **stein·n** „Stein“ oder **-l,** z. B. **bíl·l** „Auto“: beide m5. Jeweils das erste **n** oder **l** gehört zum Stamm.

Die Wörter auf **-ur** mit **-ö** im Stamm gehören zu m6: Es verwandelt sich je nach Fall in **-a** bzw. **-e.** Beispiel: **völl·ur** „Feld“.

m2	Ez	Mz
Nom.	**hest·ur**	**hest·ar**
Akk.	**hest***	**hest·a**
Dat.	**hest·i**	**hest·um**
Gen.	**hest·s**	**hest·a**

m3	Ez	Mz
Nom.	**akur**	**akr·ar** *(A!)*
Akk.	**akur**	**akr·a** *(A!)*
Dat.	**akr·i** *(A!)*	**ökr·um** *(Ö!)(A!)*
Gen.	**akur·s**	**akr·a** *(A!)*

m4	Ez	Mz
Nom.	**lækn·ir**	**lækn·ar**
Akk.	**lækn·i**	**lækn·a**
Dat.	**lækn·i**	**lækn·um**
Gen.	**lækn·is**	**lækn·a**

m5	Ez	Mz
Nom.	**bíl·l**	**bíl·ar**
Akk.	**bíl***	**bíl·a**
Dat.	**bíl**	**bíl·um**
Gen.	**bíl·s**	**bíl·a**

m6	Ez	Mz
Nom.	**völl·ur**	**vell·ir**
Akk.	**völl***	**vell·i**
Dat.	**vell·i**	**völl·um**
Gen.	**vall·ar**	**vall·a**

(* in der Tat keine Endung!)

Beispiel für ein m2 mit **-ir** in der Mehrzahl: **gest·ur** (m2) „Gast“: **gestir** (Nominativ Mz), **gesti** (Akkusativ Mz), Dativ und Genitiv sind ganz regelmäßig: **gestum, gesta.**

In gar keine Gruppe passt **maður** „Mensch, Mann, man“. In Klammern ist der gebeugte Artikel ergänzt.

	Ez	Mz
Nom.	**maður(inn)**	**menn(irnir)**
Akk.	**mann(inn)**	**menn(ina)**
Dat.	**manni(num)**	**mönnum (mönnunum)**
Gen.	**manns(ins)**	**manna(nna)**

Weibliche Nomen: Klassen w2 bis w7

Hier gibt es einige Gemeinsamkeiten:

In der Einzahl hat nur der Genitiv eine Endung (**-ar, -var** oder **-ur**). Alle anderen Fälle sind mit einer Ausnahme endungslos.

Nominativ und Akkusativ der Mehrzahl sind immer gleich: **-ar, -var, -ir** oder **-ur**. Welche Endung zutrifft, ist in den Wortlisten angegeben. Auch hier gibt es Klassen mit regelmäßigen Veränderungen im Stamm.

1. Der Stamm endet auf **-ing: bygging** „Gebäude": w2. Diese haben als einzige im Dativ und Akkusativ Ez **-u**.
2. Keine besondere Endung, Stamm bleibt immer gleich: **borg** „Stadt": w3.
3. Stamm enthält **-ó-,** das mit **-æ-** abwechselt: **bók – bæk·ur** „Buch, Bücher": w4
4. Der Stamm endet auf **-un,** der mit **-an** wechselt: **verslun – verslan·ir** „Laden": w5
5. Stamm enthält **-ö-** (eine übriggebliebene Ö-Regel), das vor Endungen zu **-a-** wird: **höfn – hafn·ir** „Hafen, Häfen": w6.
6. Stamm endet auf **-á, -ó** oder **-ú**: **á** „Fluss" (w7)

Bei den weiblichen Nomen gibt noch einige weitere, seltener auftretende Klassen und einige Wörter, die in keine Klasse passen.

Beispiele

An **borg** „Stadt", **vík** „Bucht" und **stöð** „Stelle" jeweils ein Beugungsbeispiel für w3. Für die anderen Klassen siehe Anhang.

w3	Ez	Mz
Nom.	**borg**	**borg·ir**
Akk.	**borg**	**borg·ir**
Dat.	**borg**	**borg·um**
Gen.	**borg·ar**	**borg·a**

w3	Ez	Mz
Nom.	**vík**	**vík·ur**
Akk.	**vík**	**vík·ur**
Dat.	**vík**	**vík·um**
Gen.	**vík·ur**	**vík·a**

w3	Ez	Mz
Nom.	**stöð**	**stöð·var**
Akk.	**stöð**	**stöð·var**
Dat.	**stöð**	**stöð·vum**
Gen.	**stöð·var**	**stöð·va**

Sächliche Nomen: Klassen s2 und s3

Die s2 hat im Nominativ und Akkusativ Ez und Mz keine besondere Endung, allerdings wirkt die Ö-Regel in der Mehrzahl auch ohne Endung. Genitiv und Dativ sind gleich der Klasse m2. Es gibt in der s2 einige auf **-ur**, das immer zum Stamm gehört: **veður** „Wetter". Vor Vokal fällt **-u-** aus: **veðri** *(A!)* Dativ.

Die sächlichen Nomen auf **-i** bilden Klasse s3 (siehe Anhang). Enden sie auf **-gi / -ki**, wird das **-i-** vor **-um / -a** zu **-j**: **rík·i** – **rík·jum.** Auch bei einigen der Klasse s2 taucht vor **-um / -a** das **-j-** auf: **egg** – **egg·jum / egg·ja, ber** – **ber·jum / ber·ja.**

s2	Ez	Mz
Nom.	**blóm**	**blóm**
Akk.	**blóm**	**blóm**
Dat.	**blóm·i**	**blóm·um**
Gen.	**blóm·s**	**blóm·a**

s2	Ez	Mz
Nom.	**land**	**lönd** *(Ö!)*
Akk.	**land**	**lönd** *(Ö!)*
Dat.	**land·i**	**lönd·um** *(Ö!)**
Gen.	**land·s**	**land·a**

*Hier greift die Ö-Regel, da eine Endung mit -u- angehängt wurde.

Die liebe Familie

Einige Verwandtschaftswörter bilden eine ganz eigene Beugungsgruppe. Dazu gehören: **faðir** (Vater), **móðir** (Mutter), **dóttir** (Tochter), **bróðir** (Bruder), **systir** (Schwester).

Ez					
Nom.	**faðir**	**móðir**	**dóttir**	**bróðir**	**systir**
Akk.	**föður**	**móður**	**dóttur**	**bróður**	**systur**
Dat.	**föður**	**móður**	**dóttur**	**bróður**	**systur**
Gen.	**föður**	**móður**	**dóttur**	**bróður**	**systur**

Mz					
Nom.	**feður**	**mæður**	**dætur**	**bræður**	**systur**
Akk.	**feður**	**mæður**	**dætur**	**bræður**	**systur**
Dat.	**feðrum**	**mæðrum**	**dætrum**	**bræðrum**	**systrum**
Gen.	**feðra**	**mæðra**	**dætra**	**bræðra**	**systra**

Der bestimmte Artikel

Isländisch kennt nur den bestimmten Artikel „der, die, das", der an das Nomen plus Endung angehängt wird und mit dem Nomen mitgebeugt wird. Zunächst die Formen des Nominativs:

	m	w	s
Ez	**-inn**	**-in**	**-ið**
Mz	**-nir**	**-nar**	**-in**

hundur-inn	*Hund-der*	der Hund
borg-in	*Gebäude-das*	das Gebäude
barn-ið	*Kind-das*	das Kind

Endet das Nomen auf **-a, -i** oder **-u,** fällt das **i** von **-inn, -in, -ið** weg. Nach **-á, -ó** und **-ú** bleibt es erhalten, allerdings nur im Nominativ Einzahl.

króna-n	*Krone-die*	die Krone
tá-in	*Zehe-die*	die Zehe

Unbestimmte Nomen stehen ganz ohne Artikel: **stór steinn** „ein großer Stein". Unser „ein" wird nicht mitübersetzt.

Beugung des Artikels

Die gebeugte Artikelendung wird an das gebeugte Nomen angehängt. Nomen bestehen demnach, wenn sie bestimmt sind, aus Stamm (**hund-**), Endung (**-ur-**) und Artikel (**-inn**). Es ist ganz nützlich, die Formen des Artikels gut zu beherrschen, weil man sich damit aus der Affäre ziehen kann, wenn einem einmal eine Beugungsendung nicht einfällt.

Ez	m	w	s
Nom.	**-inn**	**-in**	**-ið**
Akk.	**-inn**	**-ina**	**-ið**
Dat.	**-inum**	**-inni**	**-inu**
Gen.	**-ins**	**-innar**	**-ins**

Mz	m	w	s
Nom.	**-nir**	**-nar**	**-in**
Akk.	**-na**	**-nar**	**-in**
Dat.	**-num**	**-num**	**-num**
Gen.	**-nna**	**-nna**	**-nna**

Das **i** des Artikels fällt in Akkusativ, Dativ und Genitiv vor Selbstlauten immer weg: **tímanum** „der Zeit“, nicht **tímainum** – auch vor **-á, -ó** und **-ú: tá-nni** „der Zehe“, nicht **tá-inni.** Bei sächlichen auf **-ur** fällt bei Hinzufügung des Artikels **-ið, -inu** und **-in** das **u** aus: **veðr-ið** *(A!)*. In den Beugungsbeispielen im Anhang sind Formen mit Artikel mit angegeben.

Adjektive

Die Adjektive bestehen wie die Nomen aus Stamm + (meist) einer Endung: **lat·ur** „faul“. Hier ist **lat-** der Stamm, **-ur** die Endung für Einzahl männlich im 1. Fall. Viele Adjektive auf **-n, -r, -s** haben aber in diesem Fall keine Endung, selbst wenn es so aussieht: **fagur** („schön“), **dýr** („teuer“), **ern** („rüstig“), **fús** („bereit“). Bei anderen ist **-ur** zu **-r, -l** oder **-n** geworden: **há·r** („hoch“), **heil·l** („ganz“), **hrein·n** („sauber“). So können sie in Klassen eingeteilt werden, über die der Stamm gefunden werden kann:

e1	**lat·ur**	faul	Stamm **lat-**	Endung **-ur**
e2	**blá·r**	blau	Stamm **blá-**	Endung **-r**
e3	**heil·l**	ganz	Stamm **heil-**	Endung **-l**
e4	**hrein·n**	sauber	Stamm **hrein-**	Endung **-n**
e5	**fagur**	schön	Stamm **fagur-**	keine Endung
e6	**gall·aður**	fehlerhaft	Stamm **gall-**	Endung **-aður**
e7	**bú·inn**	fertig	Stamm **bú-**	Endung **-inn**

Die Klassen e6 und e7 umfassen von Verben abgeleitete Adjektive, die sich teilweise etwas anders verhalten. Aber alles der Reihe nach.

Der Stamm ist wichtig für die Beugung der Adjektive. Sie richten sich immer in Geschlecht und Zahl nach dem Nomen, auf das sie sich beziehen. Die Klassen e1 bis e5 bekommen an den Stamm im Prinzip immer dieselben Endungen, wobei manchmal ein Buchstabe verdoppelt oder angeglichen wird, oder es wird nur wenn möglich die Ö-Regel angewandt, ohne Endung. Das ist in der weiblichen Grundform der Fall: **löt** *(Ö!)*, **blá, heil, hrein, fögur** *(Ö!)*. Die sächliche Grundform hängt **-t** an den Stamm: **latt, blátt** (bei e2 wird es immer verdoppelt), **heilt, hreint, fagurt.** Endet der Stamm auf **-tt** oder **-st,** wird kein **-t** angefügt: **stutt·ur** – **stutt.** **-d** oder **-ð** nach Mitlaut fallen vor **-t** aus: **kald·ur** – **kalt** („kalt"), **harð·ur** – **hart** („hart"). Einfaches **-ð** wird zu **-tt: breið·ur** – **breitt** („breit"). Diese Formen werden in der Wörterliste immer angegeben.

Für e6 lauten die entsprechenden Formen: **gölluð** *(Ö!)* für w, **gallað** für s; hier wird nie **-t** angehängt. Die Klasse e7 ist dagegen ganz einfach, ihre Endungen gleichen dem Artikel: **búin** w, **búið** s.

Beugung der Adjektive

Nun gibt es für die Adjektive wie im Deutschen zwei Sätze von Endungen. Wenn das Adjektiv zu einem unbestimmten Nomen gehört, hat es im Deutschen eine andere Endung als wenn das Nomen bestimmt ist: z. B. „ein großer Berg" – „der große Berg". Genau so ist es im Isländischen. Mit einem unbestimmten Nomen wird folgender Satz von Endungen verwendet:

Ez	m	w	s
Nom.	**-ur / -r / -l / -n,** keine	keine, nur *(Ö!)*	**-t**
Akk.	**-an** *(A!)*	**-a** *(A!)*	**-t**
Dat.	**-um** *(Ö!)*	**-ri**	**-u** *(Ö!)*
Gen.	**-s**	**-rar**	**-s**

Mz	m	w	s
Nom.	**-ir** *(A!)*	**-ar** *(A!)*	keine, nur *(Ö!)*
Akk.	**-a** *(A!)*	**-a** *(A!)*	**-t**
Dat.	**-um** *(Ö!)*	**-um** *(Ö!)*	**-um** *(Ö!)*
Gen.	**-ra**	**-ra**	**-ra**

Für **latur** *(e1)* und **fagur** *(e5)* sieht das beispielsweise so aus:

Ez	m	w	s
Nom.	**latur / fagur**	**löt / fögur**	**latt / fagurt**
Akk.	**latan / fagran**	**lata / fagra**	**latt / fagurt**
Dat.	**lötum / fögrum**	**latri / fagurri**	**lötu / fögru**
Gen.	**lats / fagurs**	**latrar / fagurrar**	**lats / fagurs**

Mz	m	w	s
Nom.	**latir / fagrir**	**latar / fagrar**	**löt / fögur**
Akk.	**lata / fagra**	**lata / fagra**	**löt / fögur**
Dat.	**lötum / fögrum**	**lötum / fögrum**	**lötum / fögrum**
Gen.	**latra / fagurra**	**latra / fagurra**	**latra / fagurra**

Bei e5 greift bei vokalischen Endungen die Ausfallregel *(A!)*.

In den Fällen, wo keine Endung angehängt wird, greift wieder die Ö-Regel, wenn ein **-a-** im Stamm ist.

lat·ur karl	*latür kartl*	ein fauler Mann
löt *(Ö!)* **kona**	*löt kona*	eine faule Frau
lat·t barn	*laHt bartn*	ein faules Kind

Hier sieht man am Beispiel vom faulen Kind, wie ganz regelmäßig das Doppel-**t** als *Ht* ausgesprochen wird.

Die Endungen **-ri, -rar** und **-ra** verändern sich in drei Klassen immer:

In Klasse e2 verdoppeln sich **-r-** sowie **-t:**
z. B. **blár** („blau"): **blára** wird zu **blárra, blát** zu **blátt.**

In Klasse e3 werden sie zu **-ni, -nar, -na:**
z. B. **hreinn** („rein"): **hrein·ri** wird zu **hreinni.**

In Klasse e4 werden sie zu **-li, -lar, -la:**
z. B. **sæll** („glücklich"): **sæl·rar** wird zu **sællar.**

Der häufigste Stolperstein für Deutschsprechende: Das Adjektiv erhält immer die Endungen, die mit Fall, Geschlecht und der Zahl des vom Sinn her zugehörigen Nomens übereinstimmen, selbst wenn es mit dem Verb „sein" am Satzende steht:

Árnar á Íslandi eru bláar og hreinar.
aurtnar au iislandė ärü blauar oG Hräinar
Flüsse-die auf Island(Dat) sind blaue(w1 Mz) und saubere(w1 Mz)
Die Flüsse auf Island sind blau und sauber.

Hann taldi sig vera veikan. (nicht: **veikur**!)
hann taldė sėG vära väikan
er zählte sich zu-sein kranken (Akk m Ez)
Er glaubte, krank zu sein.

Nun folgen noch die vergleichsweise unproblematischen Endungen, die das Adjektiv erhält, wenn das Nomen mit Artikel steht.

Ez	m	w	s
Nom.	**lati / fagri**	**lata / fagra**	**lata / fagra**
Akk.	**lata / fagra**	**lötu / fögru**	**lata / fagra**
Dat.	**lata / fagra**	**lötu / fögru**	**lata / fagra**
Gen.	**lata / fagra**	**lötu / fögru**	**lata / fagra**

In der Mehrzahl gibt es in der bestimmten Form nur eine einzige auf -u: **lötu, fögru** *(Ö! A!)* für alle.

Vergleiche folgendes Beispiel mit der faulen Familie oben. Hier steht nun der Artikel davor.

lat·i maður·inn	*latė maðürėnn*	der faule Mann
lat·a kona·n	*lata konan*	die faule Frau
lat·a barn·ið	*lata bartnėð*	das faule Kind
löt·u börn·in	*lötü börtnėn*	die faulen Kinder

Im Anhang finden Sie Beispiele für alle Klassen e1 - e7.

Steigern und Vergleichen

Steigerung der Adjektive

Adjektive lassen sich wie folgt steigern. Für die 1. Steigerungsstufe (Komparativ) hängt man die Endung **-ri** oder **-ari** an den Stamm des Adjektivs an. Für die 2. Steigerungsstufe (Superlativ) hängt man **-astur** *(m)*, **-ust** *(w; Ö!)*, **-ast** (s) an, wenn kein bestimmtes Nomen dabei steht. In den Klassen e2 bis e4 passt sich **-ri** wie oben beschrieben an den Stamm an.

	1. Stufe	2. Stufe (m, w, s)
gul·ur („gelb“)	**gul·ari**	**gul·astur, gul·ust, gul·ast**
flat·ur („flach“)	**flat·ari**	**flat·astur, flöt·ust** *(Ö!)*, **flat·ast**
blá·r („blau“)	**blá·rri**	**blá·astur, blá·ust, blá·ast**
sæl·l („glücklich“)	**sæl·li**	**sæl·astur, sæl·ust, sæl·ast**
hrein·n („sauber“)	**hrein·ni**	**hrein·astur, hrein·ust, hrein·ast**
dapur· („traurig“)	**dapr·ari** *(A!)*	**dapr·astur** *(A!)*, **döpr·ust** *(Ö!)*, **dapr·ast** *(A!)*
hvass· („scharf“)	**hvass·ari**	**hvass·astur, hvöss·ust** *(Ö!)*, **hvass·ast**

Die erste Steigerungsstufe bleibt immer unverändert, außer in der Einzahl sächlich: Da wird das letzte **-i** zum **-a.**

Loftið er hreinna á Íslandi.
loftėð är Hräittna au iislandė
Luft-die(s,Ez) ist reinere auf Island(Dat)
Die Luft ist sauberer in Island.

Hann er stærstur, en hún er fallegust.
hann är stairstür än hun är fattläGüst
er ist größter(m) aber sie ist schönste(w)
Er ist der Größte, sie ist die Schönste.

Þetta vatn er hreinast.
thäHta vaHtn är Hräinast
dieses Wasser ist sauberstes
Dieses Wasser ist das sauberste.

Steht die 2. Steigerungsstufe neben einem Nomen mit bestimmtem Artikel, was meistens der Fall ist, werden an das **-st** dieselben Endungen **-i, -a, -u** angehängt, die das Adjektiv ohnehin in diesem Fall bekommt (s. oben **guli, gula, gula**):

Þetta er erfið·ast·a leiðin.
thäHta är ärviðasta läiðėn
dies ist schwierigster Weg-der
Das ist die anspruchsvollste Strecke.

Ég tek ódýr·ust·u miðana.
jäG täk oudiirüstü mėðana (Akk)
ich nehme unteuerste Karten-die
Ich nehme die billigsten Eintrittskarten.

Vergleichen

Den Vergleich „so ... wie ...” bildet man mit **eins ... og ...** . Das Adjektiv steht zwischen diesen Ausdrücken und richtet sich nach dem ersten Nomen, das verglichen wird:

Hún er eins dugleg og þú.
hun är äins düGläG oG thuu
Sie ist so klug wie du.

Der Vergleich mit „als” wird mit **en** gebildet:

Þingvallavatn er dýpra en Mývatn.
thingvattlavaHtn är diipra än miivaHtn
Þingvallavatn ist tiefer als Mývatn.

Þingvallavatn und Mývatn sind zwei Seen in Island.

Die wichtigsten Adjektive

Einige der wichtigsten Adjektive haben unregelmäßige Formen. Für die anderen wird die jeweilige Klasse angegeben. Vor dem „·" steht der Stamm, mit dem alle anderen Beugungsformen gebildet werden. Fehlt das „·", wie bei **stór,** ist die erste Form gleichzeitig der Stamm. Für die 2. Steigerungsstufe werden die Formen für m, w, s angegeben, die bei Nomen mit bestimmtem Artikel stehen.

	Grundstufe (m, w, s)	1. Stufe	2. Stufe (m)
anderer	**annar, önnur** *(Ö!),* **annað;** Stamm: **aðr-**	-	-
alt	**gamal·l, gömul** *(Ö!),* **gamalt** *(e3)*	**eldri**	**elst·i, -a, -a**
groß (viel)	**mikil·l, mikil, mikið** *(e3)*	**meiri**	**mest·i, -a, -a**
groß	**stór, stór, stórt** *(e5)*	**stærri**	**stærst·i, -a, -a**
gut	**góð·ur, góð, gott** *(e1)*	**betri**	**best·i, -a, -a**
hoch	**há·r, há, há·tt** *(e2)*	**hærri**	**hæst·i, -a, -a**
jung	**ung·ur, ung, ungt** *(e1)*	**yngri**	**yngst·i, -a, -a**
klein (wenig)	**lítil·l, lítil, lítið** *(e3)*	**minni**	**minnst·i, -a, -a**
kurz	**stutt·ur, stutt, stutt** *(e1)*	**styttri**	**styst·i, -a, -a**

lang	**lang·ur, löng** *(Ö!),* **langt** *(e1)*	**lengri**	**lengst·i, -a, -a**
langsam	**hæg·ur, hæg, hægt** *(e1)*	**hægari**	**hæg·asti, -a, -a**
niedrig	**lág·ur, lág, lágt** *(e1)*	**lægri**	**lægst·i, -a, -a**
schlecht	**slæm·ur, slæm, slæmt** *(e1)*	**verri**	**verst·i, -a, -a**
schnell	**hraður, hröð** *(Ö!),* **hratt** *(e1)*	**hraðari**	**hrað·asti, -a, -a**
schwer	**þung·ur, þung, þungt** *(e1)*	**þyngri**	**þyngst·i, -a, -a**
tief	**djúp·ur, djúp, djúpt** *(e1)*	**dýpri**	**dýpst·i, -a, -a**
viel	**marg·ur, mörg** *(Ö!),* **margt** *(e1)*	**fleiri**	**flest·i, -a, -a**
voll	**full·ur, full, fullt** *(e1)*	**fyllri**	**fyllst·i, -a, -a**
wenig	**fá·r, fá, fá·tt** *(e2)*	**færri**	**fæst·i, -a, -a**

Farben	
blá·r, blá, blátt *(e2)*	blau
brún·n, brún, brúnt *(e4)*	braun
gul·ur, gul, gult *(e1)*	gelb
grá·r, grá, grátt *(e2)*	grau
græn·n, græn, grænt *(e4)*	grün
rauð·ur, rauð, rautt *(e1)*	rot
svart·ur, svört *(Ö!),* **svart** *(e1)*	schwarz
hvít·ur, hvít, hvítt *(e1)*	weiß

Adverbien

Adverbien (Umstandswörter) beschreiben eine Tätigkeit oder einen Vorgang, wie etwas abläuft. Das Schwierige ist: Im Deutschen sind Adverbien nicht extra gekennzeichnet. Im Englischen sind sie an der Endung „-ly" erkennbar. Isländische Adverbien entsprechen meist der sächlichen Form Einzahl des Adjektivs.

Grundform	**ákafur** „heftig"
sächliche Form	**ákaft**
Adverb	**Hann talaði ákaft.** Er sprach heftig.

Grundform	**seinn** „spät"
sächliche Form	**seint**
Adverb	**Hann kom seint.** Er kam spät.

Grundform	**lítill** „wenig"
sächliche Form	**lítið**
Adverb	**Ég skil bara lítið.** Ich verstehe nur wenig.

Bíllinn fer hratt.
biittlėnn fär HraHt
Auto-das fährt schnell(s,Ez)
Das Auto fährt schnell.

Adjektive auf **-legur** bekommen als Adverbien die Endung **-lega:**

Hann er yndislegur maður og talar yndislega.
hann är ėndėslägür maðür oG taalar ėndėsläGa
er ist wunderbarer Mensch und spricht wunderbar
Er ist ein netter Mensch, und er spricht sehr nett.

Unregelmäßige Adverbien gibt es auch (**illa** wird mit spitzem *i* gesprochen, als wäre es mit Akzent geschrieben als **ílla**):

Adjektiv	**góður**	*gouðür*	gut
Adverb	**vel**	*väl*	gut

Adjektiv	**slæmur**	*slaimür*	schlecht
Adverb	**illa**	*ittla*	schlecht

Die Isländer lieben es, Wörter wie „zu, viel, sehr" usw. zu gebrauchen:

Þetta er of dýrt.
thäHta är of diirt
Das ist zu teuer.

Þetta er miklu betra.
thäHta är miHklü bäätra
Das ist viel besser.

Für „sehr" gibt es eine ganze Reihe oft gebrauchter Wörter: **mjög, býsna, ofboðslega, voðalega, rosalega, óskaplega ... :**

Þessi Þjóðverji talar alveg rosalega góða íslensku!
thässė thjouðvärjė talar alväG roosaläGa gouða iislänskü
dieser Deutsche spricht ganz sehr gutes Isländisch
Dieser Deutsche spricht verdammt gutes Isländisch!

Auch Verkleinerungswörtchen wie **aðeins** „nur", **smá** „klein" oder **pínu** „winzig" werden häufig gebraucht, wobei **pínu** oft genau das Gegenteil meint. Es ist gewissermaßen Ausdruck isländischen Understatements.

Heyrdu, má ég aðeins tala við þig?
häirðu mau jäG aðäins tala vėð thėG (Akk)
hör-du darf ich nur sprechen mit dir?
Sag mal, kann ich dich mal sprechen?

Hún er smá skúffuð yfir því enn.
hun är smau skuffüð ėvir thvi än
sie ist klein enttäuscht über das noch
Sie ist deswegen immer noch etwas verstimmt.

Það er pínu ástand hérna sko.
thað är pinü austand chjättna sko
es ist winzig Zustand hier schau
Das ist hier ja ein Chaos.

Dieses **sko** ist ein typisches Füllwort, das dem Satz bzw. dem Wort vor sich einen gewissen Nachdruck verleiht. In der Umgangssprache wird es in fast jedem zweiten Satz irgendwo eingeflochten, manchmal **sko** sogar öfter als einmal **sko** ...

Dieses und Jenes

Die hinweisenden Pronomen kommen häufig vor. Sie richten sich wie Adjektive nach dem dazugehörigen Nomen.

dieser / diese / dieses			
Ez	m	w	s
Nom.	**þessi**	**þessi**	**þetta**
Akk.	**þennan**	**þessa**	**þetta**
Dat.	**þessum**	**þessari**	**þessu**
Gen.	**þessa**	**þessarar**	**þessa**
Mz	m	w	s
Nom.	**þessir**	**þessar**	**þessi**
Akk.	**þessa**	**þessar**	**þessi**
Dat.	**þessum**	**þessum**	**þessum**
Gen.	**þessara**	**þessara**	**þessara**

„das hier" oder „das da" heißt **þetta** oder **þetta hérna.**

jener / jene / jenes; der / die / das andere			
	m	w	s
Ez	**hinn** *hėn*	**hin** *hėn*	**hitt** *hėHt*
Mz	**hinir** *hėnir*	**hinar** *hėnar*	**hin** *hėn*

Die übrigen Formen von **hinn**, **hin**, **hitt** gehen genau so wie der Artikel, nur mit **h-** davor.

Ég ætla að fá þetta hérna.
jäG aiHtla að fau thäHta chjättna
ich möchte zu bekommen das hier
Ich möchte das hier.

Ég ætla að fá hitt.
jäG aiHtla að fau hėHt
ich möchte zu bekommen jenes-andere
Ich möchte das andere.

Isländisch ist manchmal ganz schön eigenwillig: „der / die / das eine" und „der / die / das andere" wird mit **annar** ... **hinn** gebildet bzw. deren weiblichen und sächlichen Formen:

Önnur leiðin er ansi hlykkjótt og grýtt
en hin er holótt og með voðaleg þvottabretti.
önnür läiðėn är ansė HliHkjouHt o griHt
än hėn är holouHt og mėð vodaläG thvoHtabräHtė
anderer Weg-der ist ganz gewunden und steinig
dagegen jener ist löchrig und mit fürchterlichen Waschbrettern
Die eine Piste ist ziemlich kurvig und steinig,
die andere dagegen voll Schlaglöcher und übler Bodenwellen.

Personalpronomen

Im Isländischen unterscheidet man, anders als das Deutsche, auch in der Mehrzahl die drei Geschlechter. Wenn mit „sie" Personen oder Gegenstände verschiedenen grammatischen Geschlechts gemeint sind, nimmt man stets **þau** „sie" *(s Mz).*

Man sagt generell **þú** („du"). Es gibt zwar eine Höflichkeitsform **(þér),** doch sie wird nicht mehr benutzt – außer bei hochformellen Anlässen.

ég	*jäG*	ich	**við**	*vėð*	wir
þú	*thu*	du	**þið**	*thėð*	ihr
hann	*hann*	er	**þeir**	*thäir*	sie (m, Mz)
hún	*hun*	sie (Ez)	**þær**	*thair*	sie (w, Mz)
það	*thað*	es	**þau**	*thöi*	sie (s, Mz)

Bei „ich, du, er ... + eine andere Person" drücken sich die Isländer ganz anders aus als wir. Sie nehmen die Person in das Pronomen mit hinein, also:

við Jóna	Jóna und ich, wörtlich: „wir Jóna"
þið Jóna	du und Jóna, wörtlich: „ihr Jóna"
þau Jóna	er und Jona (verschiedene Geschlechter!)
þær Jóna	sie und Jóna (zweimal w)
bíll okkar Jónu	das Auto von Jóna und mir, wörtlich: „unser Auto Jónas"

Wessen?, Wem? oder Wen?

Wen? (Akkusativ)			
mig	mich	**okkur**	uns
þig	dich	**ykkur**	euch
hann	ihn	**þá**	sie (m)
hana	sie	**þær**	sie (w)
það	es	**þau**	sie (s)

Wem? (Dativ)			
mér	mir	**okkur**	uns
þér	dir	**ykkur**	euch
honum	ihm	**þeim**	ihnen (m, w, s)
henni	ihr		
því	ihm		

Wessen? (Genitiv)			
mín	meiner	**okkar**	unser
þín	deiner	**ykkar**	euer
hans	seiner	**þeirra**	ihrer (m, w, s)
hennar	ihrer		
þess	seines		

Die Genitivformen stehen z. B. nach **til** („zu“) oder **án** („ohne“):

Til þín eða til mín?
tėl thin äða tėl min
zu deiner oder zu meiner
Zu dir oder zu mir?

Án mín!
aun min
ohne meiner
Ohne mich!

Possessivpronomen

Das besitzanzeigende Pronomen steht immer hinter dem dazugehörigen Nomen und richtet sich nach diesem in Zahl und Geschlecht. Anders als im Deutschen steht das Nomen meist mit Artikel.

Ez	m	w	s
meiner, -e, mein	**minn**	**mín**	**mitt**
deiner, -e, dein	**þinn**	**þín**	**þitt**
sein / ihr eigene(r / s)	**sinn**	**sín**	**sitt**
unser	**okkar**	**okkar**	**okkar**
euer	**ykkar**	**ykkar**	**ykkar**
ihr(e) eigene(r / s)	**sinn**	**sín**	**sitt**

Mz	m	w	s
meine	**mínir**	**mínar**	**mín**
deine	**þínir**	**þínar**	**þín**
seine / ihre eigenen	**sínir**	**sínar**	**sín**
unsere	**okkar**	**okkar**	**okkar**
eure	**ykkar**	**ykkar**	**ykkar**
ihre eigenen	**sínir**	**sínar**	**sín**

Die Pronomen **minn, þinn, sinn** (und ihre weiblichen und sächlichen Formen **mín, mitt,** usw.) werden mit dem Nomen gebeugt und erhalten Endungen, die dem Artikel gleichen.

Zu beachten ist, dass sie in der sächlichen Ez im Wer- und Wenfall **-tt** anstatt des zu erwartenden **-ð** erhalten. Außerdem wird das **i** vor einfachem Mitlaut zu **í** (mit Akzent).

Þetta eru pennar·nir mí·nir, bækur·nar mí·nar og blöð·in mí·n.
thäHta ärü pännartnir miinir baikürtnar miinar oG blöðėn miin
das sind Stifte-die meine, Bücher-die meine und Blätter-die meine
Das sind meine Stifte, Bücher und Blätter.

Hier ist Isländisch nun ganz genau: **sinn**, **sín**, **sitt** usw. werden ausschließlich verwendet, wenn es um den eigenen Besitz geht, im Deutschen also „sein eigener" usw. stehen könnte.

Hann skemmdi bílinn sinn.
hann skjämmdė biilėnn sėnn
er beschädigte Auto-das sein-eigenes
Er beschädigte sein (eigenes) Auto.

Geht es um den Besitz von jemand anderem, kann man im Deutschen also nicht sagen „sein eigener...", verwendet Isländisch folgende Formen:

hans	sein (m)
hennar	ihr (w)
þess	sein (s)
þeirra	ihr (m / w / s)

Hún skemmdi bílinn hans / hennar.
hun skjämmdė biilėnn hans / hännar
sie beschädigte Auto-das von-ihm / von-ihr
Sie beschädigte sein / ihr Auto (das von jemand anderem).

Während **minn, þinn** und **sinn** sich in Zahl und Geschlecht immer nach dem Besitz richten **(pennarnir mínir, bækurnar mínar),** steht **hans** nur für männliche Besitzer, **hennar** bzw. **þess** für weibliche bzw. sächliche. Zahl und Geschlecht des Besitzes spielt hier keine Rolle. Die Pronomen **hans / hennar / þess** sowie **okkar, ykkar, þeirra** verändern sich nie.

Verben

Wer bis hierher gekommen ist, den wundert es sicher nicht, dass die isländischen Verben ebenfalls einiges an Denksport bieten. Wie Nomen und Adjektive können sie in Gruppen eingeteilt werden.

Grundform

Isländische Verben bestehen aus einem Stamm und einer Endung. Die Endung der Grundform lautet fast immer **-a** oder **-ja.**

elsk·a	lieben
set·ja	setzen
vek·ja	wecken
far·a	gehen
vax·a	wachsen
hætt·a	aufhören
ber·ja	schlagen
fá*	bekommen
frjós·a	gefrieren
kom·a	kommen

* **-a** nach **á** fällt weg, also nicht **fá·a!**

Bei der Beugung wird die Grundformendung durch die Beugungsendung ersetzt. Achtung: Auch hier gelten die Ö-Regel und die Ausfallregel. Weiterhin unterscheidet das Isländische starke und schwache Verben: Starke Verben verändern ihren Stamm in Gegenwart und Vergangenheit immer, schwache dagegen (fast) nie.

Gegenwart

Die schwachen Verben fallen in fünf Klassen v1 bis v5. Leider sieht man dem Verb nicht an, in welche Klasse es gehört. Deshalb ist im Anhang die Beugungsklasse angegeben. Starke Verben bilden nur eine Gruppe und sind im Anhang mit ihren wichtigen Formen aufgelistet.

Schwache Verben Einzahl

Um ein schwaches Verb zu beugen, trennt man die Endung **-a** oder **-ja** ab und hängt die unten angegebenen Endungen für die jeweilige Person an. Dabei muss bei v5 noch unterschieden werden, ob vor der Grundformendung **-a / -ja** ein **r**, ein Selbstlaut oder keins von beiden steht:

	ég (ich)	**þú** (du)	**hann** (er)
v1	**-a**	**-ar**	**-ar**
v2, v3	**-i**	**-ir**	**-ir**
v4	**-**	**-ur**	**-ur**
v5 (auf **-r**)	**-**	**-ð**	**-**
v5 (auf Selbstl.)	**-**	**-rð**	**-r**
v5 (sonst)	**-**	**-ur**	**-ur**

Beugungsbeispiele schwache Verben Einzahl

elsk·a (v1) lieben	
ég elsk·a	ich liebe
þú elsk·ar	du liebst
hann elsk·ar	er liebt

hætt·a (v2) aufhören	
ég hætt·i	ich höre auf
þú hætt·ir	du hörst auf
hann hætt·ir	er hört auf

seg·ja (v3) sagen	
ég seg·i	ich sage
þú seg·ir	du sagst
hann seg·ir	er sagt

set·ja (v4) stellen	
ég set	ich stelle
þú set·ur	du stellst
hann set·ur	er stellt

ber·ja (v5) schlagen (auf **-r**)	
ég ber	ich schlage
þú ber·ð	du schlägst
hann ber	er schlägt

vek·ja (v5) wecken (sonstige)	
ég vek·	ich wecke
þú vek·ur	du weckst
hann vek·ur	er weckt

Starke Verben Einzahl

Bei den starken Verben funktioniert das im Prinzip ebenso, nur dass sich meist der Stamm noch verändert. Im Anhang gebe ich für die starken Verben wie in der Literatur üblich neben der Grundform noch vier weitere Formen an. Welche das sind, sehen wir uns nach und nach an. Für die Gegenwart brauchen wir die ersten beiden. Beispiele:

fá, fæ	bekommen
far·a, fer	gehen
frjós·a, frýs	gefrieren
vax·a, vex	wachsen
kom·a, kem	kommen

Die erste Form ist die Grundform, die zweite ist der veränderte Stamm und gleichzeitig die ich-Form (1. Person), die immer endungslos ist. Für die 2. und 3. Person werden daran folgende Endungen gehängt:

Stamm endet auf ...	**ég** (ich)	**þú** (du)	**hann** (er)
Vokal	-	**-rð**	**-r**
-r	-	**-ð**	-
-s	-	**-t**	-
-n / -x	-	-	-
sonstigen Konsonanten	-	**-ur**	**-ur**

Beugungsbeispiele starke Verben Einzahl

ég fæ	ich bekomme
þú fæ·rð	du bekommst
hann fæ·r	er bekommt

ég fer	ich gehe
þú fer·ð	du gehst
hann fer	er geht

ég frýs	ich gefriere
þú frýs·t	du gefrierst
hann frýs	er gefriert

ég vex	ich wachse
þú vex	du wächst
hún vex	sie wächst

ég kem	ich komme
þú kem·ur	du kommst
hún kem·ur	sie kommt

Einige wichtige Formen in der Gegenwart Ez sind unregelmäßig:

	ég ...	**þú ...**	**hann ...**
eiga besitzen	**á**	**átt**	**á**
kunna können	**kann**	**kannt**	**kann**
mega dürfen	**má**	**mátt**	**má**
muna erinnern	**man**	**manst**	**man**
skulu werden	**skal**	**skalt**	**skal**
vilja wollen	**vil**	**vilt**	**vill**
vita wissen	**veit**	**veist**	**veit**
þurfa müssen	**þarf**	**þarft**	**þarf**

Starke und schwache Verben Mehrzahl

Die Beugungsendungen für die Mehrzahl „wir, ihr, sie" sind ganz einfach. Man nimmt die Grundform des Verbs (also nicht nur den Stamm!) und hängt anstelle des letzten **-a** folgende Endungen an. Das gilt für starke und schwache Verben.

við (wir)	**-um** *(Ö!)*
þið (ihr)	**-ið**
þeir / þær / þau (sie)	**-a** (wie Grundform!)

Beispiele

	við ...	þið ...	þeir ...
elsk·a lieben	**elsk·um**	**elsk·ið**	**elsk·a**
fá bekommen	**fá·um**	**fá·ið**	**fá**
set·ja setzen	**set·jum**	**set·jið**	**set·ja**
kom·a kommen	**kom·um**	**kom·ið**	**kom·a**

Wenn in der Grundform **-ja** steht, erscheint das **j** in der Mz auch.

skil·ja	verstehen
við skil·j·um	wir verstehen

Einzige Ausnahme ist **skulu** (werden, sollen):

við skulum	wir werden, sollen
þið skuluð	ihr werdet, sollt
þeir / þær / þau skulu	sie (m / w / s) werden, sollen

Vergangenheit

Wie im Deutschen gibt es auch im Isländischen mehrere Vergangenheitsformen (im Deutschen z. B. „ich sah, ich habe gesehen, ich hatte gesehen"). Ich stelle für das Isländische nur die am häufigsten gebrauchten Vergangenheitsformen vor.

Schwache Verben

Als Vergangenheitskennzeichen hängt man an den Stamm entweder **-að-** (für die Ez) und **-uð-** (für die Mz) oder **-ð-**, **-d-** oder **-t-** an. In der Vergangenheit ändert sich bei einigen Klassen der Stamm auch. Daran werden – für alle schwachen Verben gleich – folgende Endungen angehängt:

Ez		Mz	
ég (ich)	**-i**	**við** (wir)	**-um** *(Ö!)*
þú (du)	**-ir**	**þið** (ihr)	**-uð** *(Ö!)*
hann (er)	**-i**	**þeir** (sie, m)	**-u** *(Ö!)*
hún (sie)	**-i**	**þær** (sie, w)	**-u** *(Ö!)*
það (es)	**-i**	**þau** (sie, s)	**-u** *(Ö!)*

In der folgenden Tabelle stehen wieder die Beugungsklassen (v1, v2 etc.). Alle schwachen Verben mit gleichem Kürzel werden in der Vergangenheit wie die entsprechenden folgenden gebeugt. Welcher der drei Laute gewählt wird, hängt vom Stammauslaut ab: nach **s, p, k, t** immer **-t,** nach **l, m** immer **-d.** Für alle anderen Auslaute, z. B. **g, n, r,** muss man die jeweilige Endung dazulernen, weswegen sie für alle Verben auch in der Wortliste angegeben wird.

elsk·a (v1) lieben	**heyr·a** (v2) hören
elsk·að·i ich liebte	**heyr·ð·i**
elsk·að·ir du liebtest	**heyr·ð·ir**
elsk·að·i er / sie liebte	**heyr·ð·i**
elsk·uð·um	**heyr·ð·um**
elsk·uð·uð	**heyr·ð·uð**
elsk·uð·u	**heyr·ð·u**

seg·ja (v3) sagen	**skil·ja** (v4) verstehen
sag·ð·i	**skil·d·i**
sag·ð·ir	**skil·d·ir**
sag·ð·i	**skil·d·i**
sög·ð·um *(Ö!)*	**skil·d·um**
sög·ð·uð *(Ö!)*	**skil·d·uð**
sög·ð·u *(Ö!)*	**skil·d·u**

kref·ja (v5) fordern
kraf·ð·i
kraf·ð·ir
kraf·ð·i
kröf·ð·um *(Ö!)*
kröf·ð·uð *(Ö!)*
kröf·ð·u *(Ö!)*

Starke Verben

Starke Verben haben in der Vergangenheit jeweils einen Stamm für die Einzahl und einen für die Mehrzahl. Das sind die dritte und vierte Form in der Liste starker Verben:

Grundform	Ez-Stamm Verg.	Mz-Stamm Verg.
fá, fæ bekommen	**fékk-**	**feng-**
far·a, fer gehen	**fór-**	**fór-**
frjós·a, frýs gefrieren	**fraus-**	**frus-**
vax·a, vex wachsen	**óx-**	**ux-**
kom·a, kem kommen	**kom-**	**kom-**

Daran werden folgende Endungen angehängt:

ég (ich)	**-**	**við** (wir)	**-um** *(Ö!)*
þú (du)	**-st** (an **-s** nur **-t**)	**þið** (ihr)	**-uð** *(Ö!)*
hann (er)	**-**	**þeir** (sie, m)	**-u** *(Ö!)*

Beispiele

ég fékk ich bekam	**við feng·um** wir bekamen
þú fékk·st (...)	**þið feng·uð**
hann fékk	**þeir feng·u**

ég fór ich ging	**við fór·um** wir gingen
þú fór·st	**þið fór·uð**
hann fór	**þeir fór·u**
ég fraus ich gefror	**við frus·um** wir gefroren
þú fraus·t	**þið frus·uð**
hann fraus	**þeir frus·u**

Sein und Haben

Ich stelle hier zwei Möglichkeiten vor, die Vielfalt von Ausnahmen und Beugungsendungen zu umgehen. Es sind in der Umgangssprache häufige Formen, die etwa dem Englischen *I am doing* bzw. dem Französischen *je viens de faire* entsprechen.

vera (sein)

Für die erste Möglichkeit braucht man das ohnehin wichtige Verb „sein": **að vera.** Die Grundform der Verben wird mit **að** angegeben, das hier „zu" bedeutet: **að vera** = zu sein.

Gegenwart		
ég er	*jäG är*	ich bin
þú ert	*thu ärt*	du bist
hann / hún / það er	*hann är*	er / sie / es ist
við erum	*véð ärüm*	wir sind
þið eruð	*théð ärüð*	ihr seid
þeir / þær / þau eru	*thäir ärü*	sie (m / w / s) sind

Vergangenheit		
ég var	*jäG var*	ich war
þú varst	*thu varst*	du warst
hann / hún / það var	*hann var*	er / sie / es war
við vorum	*vėð vorüm*	wir waren
þið voruð	*thėð vorüð*	ihr wart
þeir / þær / þau voru	*thäir vorü*	sie (m / w / s) waren

Wer **vera** beugen kann, braucht sich nur noch das passende Verb aus der Wortliste herauszusuchen und mit **að** („zu") an das gebeugte **vera** anzuschließen. „**vera að** + Verb" bedeutet dann „dabei sein, etwas zu tun" und entspricht der englischen Verlaufsform (z. B. „I am reading."). Aber nicht in jedem Fall ist diese Form sinnvoll, z. B. nicht: „ich bin zu wissen" (wörtlich) für „ich weiß".

Ég er að lesa.
jäG är að lääsa
ich bin zu lesen
Ich lese gerade.

Ég var að lesa.
jäG var að lääsa
ich war zu lesen
Ich war dabei zu lesen.

Hann er að koma.
hann är að kooma
er ist zu kommen
Er kommt gerade.

vera búinn / vera búin (fertig sein)

Mit **vera** („sein") und **búinn** („fertig") kann man auch die vollendete Vergangenheit bilden: **vera búinn** (m) / **búin** (w) **að** + Grundform des Verbs bedeutet „etwas zu Ende getan haben".

Búinn („fertig") verändert sich in Geschlecht und Zahl, je nachdem ob ein Mann oder eine Frau spricht oder angesprochen wird, oder ob man von einem Mann oder einer Frau etc. spricht. Ist von Männern und Frauen die Rede, verwendet man die sächliche Form Mehrzahl. In der Ez braucht man: **búinn** (m), **búin** (w), **búið** (s). In der Mz braucht man: **búnir** (m), **búnar** (w), **búin** (s; m+w).

Ég er búinn að lesa.
jäG är buuėnn að läässa
ich bin fertig(m) zu lesen
Ich (m) habe gelesen.

Þið eruð búnar að læra.
thėð ärüð buunar að laira
ihr seid fertig(w Mz) zu lernen
Ihr (nur w) habt gelernt.

Þú ert búin að skrifa.
thu ärt buuėn að skreeva
du bist fertig(w) zu schreiben
Du (w) hast geschrieben.

Við erum búin að borða.
vėð ärüm buuėn að borða
wir sind fertig(s Mz) zu essen
Wir (m+w) haben gegessen.

Da jedoch die normale Beugung des Verbs ebenfalls sehr oft vorkommt, sollte man sich zumindest einmal ansehen, wie sie funktioniert.

haben, besitzen

Für „haben" gibt es mehrere Möglichkeiten: **eiga** bedeutet eher „besitzen". **vera með** + *Akk:* „etwas bei sich haben, mit etwas behaftet sein", z. B. Auto, Stift, Schnupfen ... **hafa:** alles, was man nicht richtig besitzen kann, z. B. Zeit.

Ég á penna, en ég er ekki með hann núna.
jäG au pänna, än jäG är äHkjė mäð hann nuna
ich besitze Stift, aber ich bin nicht mit ihm(Akk) jetzt
Ich besitze einen Stift, habe ihn aber gerade nicht dabei.

Heyrðu, ég hef engan tíma núna.
häirðü, jäG häv äingan tiima nuna
hör(!), ich habe keine(Akk) Zeit(Akk) jetzt
Hör (mal), ich habe jetzt keine Zeit.

hafa haben		
Gegenwart		
ég hef	*jäG häv*	ich habe
þú hefur	*thu hävür*	du hast
hann / hún / það hefur	*hann hävür*	er / sie / es hat
við höfum *(Ö!)*	*vėð hövüm*	wir haben
þið hafið	*thėð havėð*	ihr habt
þeir / þær / þau hafa	*thäir haava*	sie (m / w / s) haben
Vergangenheit		
ég hafði	*jäG hawðė*	ich hatte
þú hafðir	*thu hawðir*	du hattest
hann / hún / það hafði	*hann hawðė*	er / sie / es hatte
við höfðum *(Ö!)*	*vėð höwðüm*	wir hatten
þið höfðuð *(Ö!)*	*thėð höwðüð*	ihr hattet
þeir / þær / þau höfðu *(Ö!)*	*thäir höwðü*	sie (m / w / s) hatten

Modalverben

Mit Hilfe der Modalverben wie „können, sollen, wollen, müssen" etc. kann man andere Verben modifizieren. Der Vorteil ist hier ebenfalls, dass man nur die Modalverben beugen muss, das jeweilige Verb wird (meistens) in seiner Grundform mit **að** (zu) angeschlossen.

können

Das Isländische unterscheidet zwischen **kunna að** („gelernt haben") und **geta** („die Möglichkeit haben"):

Ég kann að synda, en ég get það ekki núna.
jäG kann að sėnda, än jäG gjät thað äHkjė nuna
ich kann zu schwimmen, aber ich kann es(Akk) nicht jetzt
Ich habe schwimmen gelernt,
habe jetzt aber nicht die Möglichkeit.

Bei **geta** gibt es die Besonderheit, dass danach nicht die Grundform steht, z. B. **heyra** („hören"), **sjá** („sehen") oder **lána** („leihen"), sondern das Partizip der Vergangenheit. Das entspricht im Deutschen der Form „gehört, gesehen, geliehen".

Við getum bæði heyrt og séð fossinn.
vėð gjätüm baiðė häirt oG sjäð fossėnn
wir können beides gehört und gesehen Wasserfall-den(Akk)
Wir können den Wasserfall hören und sehen.

Geturðu lánað mér þúsundkall?
gjätürðü launað mjär thusündkattl
kannst-du geliehen mir(Dat) Tausender(Akk)
Kannst du mir einen Tausender leihen?

Bei den schwachen Verben endet das Partizip je nach Verbklasse auf **-að**, **-ið** oder **-t** (siehe Verbtabellen im Anhang). Bei den starken Verben wird es als die fünfte Form immer angegeben.

dürfen

„dürfen" heißt **mega** und ist unregelmäßig in der Einzahl.

Þarna við ána megið þið tjalda.
thattna vėð auna mäijėð thėð tjalda
dort bei Fluss(Akk) dürft ihr zelten
Dort am Fluss dürft ihr zelten.

sollen

Für „sollen" sagt man **eiga að ...** („haben zu" + Grundform des Verbs). **Eiga** („haben, besitzen") ist in der Einzahl Gegenwart unregelmäßig.

Þú átt að gera það.
thu auHt að gjära thað
du hast zu tun es(Akk)
Du sollst das tun.

Þið eigið að koma.
thėð äijėð að kooma
ihr habt zu kommen
Ihr sollt kommen.

müssen

Für „müssen" wird in der Umgangssprache am häufigsten **verða að ...** („werden zu", starkes Verb + Grundform des Verbs) gebraucht:

Við verðum að flýta okkur heim.
vėð värðüm að fliita oHkür häim
wir werden zu beeilen uns(Dat) heim
Wir müssen uns beeilen, nach Hause zu kommen.

wollen

Für „wollen" verwendet man am häufigsten **ætla að ...** (v1 + Grundform des Verbs):

Ég ætla að fá góðan hest fyrir óvana.
jäG aiHtla að fau gouðan häst feerir ouvana
ich möchte zu bekommen gutes(Akk) Pferd(Akk) für Ungeübte(Akk)
Ich möchte ein gutes Pferd für Anfänger.

Auffordern und Befehlen

Von den schwachen Verben bildet man die Befehlsform, indem man von der Ich-Form der Vergangenheit die Endung **-i** durch **-u** ersetzt. Hat sich der Stamm in der Vergangenheit geändert, wählt man wieder den ursprünglichen.

kalla	rufen	**kallaði**	ich rief	**kallaðu!**	Ruf!
missa	verlieren	**missti**	ich verlor	**misstu!**	Verlier!
segja	sagen	**sagði**	ich sagte	**segðu!**	Sag!
skilja	verstehen	**skildi**	ich verstand	**skildu!**	Versteh!
heyra	hören	**heyrði**	ich hörte	**heyrðu!**	Hör mal!
spyrja	fragen	**spurði**	ich fragte	**spyrðu!**	Frag!

Bei starken Verben streicht man die Endungen **-a, -ja** oder **-va** von der Grundform ab und ersetzt sie durch folgende Endungen:

-tu nach **-k, -p, -t, -s: stökk·va** (springen)
stökk·tu (Spring!)

-du nach **-l, -m, -n: kom·a** (kommen)
kom·du (Komm!)

-ddu nach ausfallendem **-ð: bíð·a** (warten)
bí·ddu (Warte!)

sonst immer **-ðu:**
far·a (gehen): **far·ðu** (Geh!)
sof·a (schlafen): **sof·ðu** (Schlaf!)

Ausdrücke für „sich"

Das deutsche „sich“ wird im Isländischen auf mehrere Weisen wiedergegeben.

sich selbst / einander: -st

Die unveränderliche rückbezügliche Endung **-st,** die an viele gebeugte Verben angehängt werden kann, hat mehrere Aufgaben. Sie kann die Bedeutung „sich selbst” oder „einander” haben, z. B. **kalla-st** „sich nennen” oder „einander rufen”:

Mennirnir kallast á.
männėttnir kattlast au
Männer-die rufen-sich an
Die Männer rufen einander.

Við meiddumst ekki.
vėð mäiddümst äHkjė
wir verletzten-sich nicht
Wir verletzten uns nicht.

neue Bedeutungen durch -st

Manche Verben erhalten durch die Endung **-st** eine völlig andere Bedeutung, z. B. **taka** („nehmen“), aber **taka-st** („gelingen“):

Mér tókst að taka myndir af sólsetri.
mjär toukst að taaka mėndir av soulsätrė
mir(Dat) gelang zu nehmen Bilder(Akk) von Sonnenuntergang(Dat)
Mir gelang es, Fotos vom Sonnenuntergang zu machen.

sich: sig, sér und sín

Es gibt neben der Endung **-st** noch die rückbezüglichen Pronomen, die im Gegensatz zum Deutschen drei Fälle **sig** *(Akk)*, **sér** *(Dat)* und **sín** *(Gen)* unterscheiden. Welche dieser vier Möglichkeiten dem deutschen „sich“ entspricht, muss man für jedes Verb einzeln lernen. Die Grundformen heißen jeweils **þvo sér** („sich waschen"), **raka sig** („sich rasieren"), **skammast sín** („sich [seiner] schämen").

> **Hann rakar sig og þvær sér, því annars skammast hann sín.**
> *hann rakar sėG oG thvair sjär, thvi annars skammast hann siin*
> *er rasiert sich(Akk) und wäscht sich(Dat),*
> *denn sonst schämt er seiner(Gen)*
> Er rasiert sich und wäscht sich, denn sonst schämt er sich.

Konjunktionen

Konjunktionen (Bindewörter) werden meist wie im Deutschen gebraucht.

en	aber
nema	außer
þegar	bereits
með því að	dadurch dass
að	dass
annaðhvort ... eða ...	entweder ... oder ...
ef (að)	falls
eftir því að	nachdem
hvort	ob
þó að, þótt	obwohl
eða	oder
þannig að	so dass
þegar (að)	sobald (als)
heldur	sondern
til þess að	um zu

og	und
en	und (verbindet zwei Aussagen)
á meðan	während
hvorki ... né ...	weder ... noch ...
af því að	weil, da
sem (að)	welche(r, -s)

Ef veðrið er sæmilegt, förum við upp á jökulinn.
äf väðrėð är saimėlächt, förüm vėð üHp au jökülėnn
wenn Wetter-das ist gut, gehen wir hinauf auf Gletscher-den(Akk)
Wenn das Wetter gut ist, steigen wir auf den Gletscher.

Hann sagði að hann vildi hjálpa okkur.
hann saGðė að hann vėldė chjaulpa oHkür
er sagte dass er wollte helfen uns(Dat)
Er sagte, dass er uns helfen will.

Hvorugt.
kvorücht
keins-von-beiden
Weder noch.

Relativsätze, also Sätze nach dem Muster „der Mann, der ...", „die Frauen, die ..." sind im Isländischen ganz einfach zu bilden: Statt des deutschen Relativpronomens „der, die, das" steht immer **sem (að)**. Das **að** gehört der gesprochenen Sprache an:

Bóndinn sem (að) hjálpaði okkur hét Helgi.
boundėnn säm (að) chjaulpaðė oHkür chjät Hälgjė
Bauer-der, der (dass) half uns(Dat), hieß Helgi
Der Bauer, der uns geholfen hat, hieß Helgi.

Verneinung

Das Verneinungswort heißt **ekki** („nicht", „kein"), es wird direkt vor das Wort gestellt, das verneint werden soll. Nomen verneint man mit **enginn / engin / ekkert** („kein") *(m / w / s Ez).*

Ég skamma ekki þig.
jäG skamma äHkjė thėG
ich tadle nicht dich(Akk)
Ich tadle nicht dich (sondern jemand anderen).

enginn bíll
äingjėnn biittl
kein Auto
kein Auto

Ansonsten (in allgemeinen Feststellungen) kommt es oft ans Satzende; die Satzstellung ist wie im Deutschen.

Ég skil þig ekki.
jäG skėl thėG äHkjė
ich verstehe dich(Akk) nicht
Ich verstehe dich nicht.

Wo **ekki** im einzelnen Fall steht, hängt oft vom Sprecher ab. Man bekommt mit der Zeit das Gefühl dafür, wenn man sich ein wenig mit der Sprache beschäftigt. Besondere Verneinungen sind:

aldrei	*aldräi*	niemals
hvergi	*kvärgjė*	nirgends
á engan hátt	*au äingan hauHt*	auf keine Weise
alls ekki	*als äHkjė*	überhaupt nicht
enginn	*äingjėnn*	keiner (m)
engin	*äingjėn*	keine (w)
ekkert	*äHkjärt*	nichts

Die Formen von **enginn** („keiner“) werden gebeugt; man kann sie aber gut ersetzen, z. B.: „keinen Fisch” = „nicht (einen) Fisch”:

Ég borða ekki skemmdan fisk!
ich esse nicht verdorbenen(Akk) Fisch(Akk)
Ich esse keinen verdorbenen Fisch!

Präpositionen

Wie im Deutschen ziehen die Präpositionen auch im Isländischen einen oder je nach Bedeutung auch mehrere Fälle nach sich. Allerdings ist die Sache halb so schlimm, weil man in der Regel auch mit einem falschen Fall verstanden wird.

Den Genitiv verlangen nach sich:	
til	nach, zu
án	ohne
vegna	wegen
milli	zwischen

Við förum til Reykjavíkur.
véð förüm tél Räjkjavikür
wir fahren nach Reykjavík(Gen)
Wir fahren nach Reykjavík.

án mín
aun miin
ohne meiner(Gen)
ohne mich

Den Dativ verlangen nach sich:	
á	auf, an
úr	aus (etwas heraus), aus (z. B. Gold)
hjá	bei
fjarri	fern von
fyrir	für

á móti	gegen
í	in
með	mit
eftir	nach, entlang
nærri	nahe an
yfir	über
undir	unter, während
frá	von
að	zu / an etwas heran

Den Akkusativ verlangen nach sich:	
á	an (heran), auf (hinauf)
í gegnum	durch
í	in (hinein)
með	mit (bei Bewegung)
við	mit, bei, gegen
yfir	über (hinweg)
um	um
undir	unter (hinunter)

Die Wörter **á, í, með, yfir** und **undir** haben nach sich den Akkusativ, wenn eine Bewegung gemeint ist. Bei einer ruhenden Ortsangabe steht – wie im Deutschen – der Dativ.

Förum í tjaldið.
förüm i tjaldėð
(wir-)gehen in Zelt-das(Akk)
Gehen wir in das Zelt.

Við erum í tjaldinu.
vėð ärüm i tjaldėnü
wir sind in Zelt-dem(Dat)
Wir sind im Zelt.

Anders als im Deutschen wird **með** („mit") mit Dativ oder Akkusativ gebraucht, letzteres vor allem bei **vera með** („haben"), **koma með** („bringen") oder **fara með** („mit jemandem wo hingehen"):

skera með hnífi
schneiden mit Messer(Dat)
mit einem Messer schneiden

fara með hann til löggunnar
gehen mit ihn(Akk) zu Polizei(Gen)
mit ihm zur Polizei gehen

Löggan *(w1)* ist salopp für **lögreglan** *(w1)*, die Polizei.

Wortstellung

Die Wortstellung ist der im Deutschen sehr ähnlich, besonders was die Reihenfolge von Subjekt und Verb angeht.

Subjekt	Verb	Objekt	Zeitangabe
Við Wir	**drekkum** trinken	**kaffi** Kaffee	**í kvöld.** am Abend.

Zeitangabe	Verb	Subjekt	Objekt
Í kvöld Am Abend	**drekkum** trinken	**við** wir	**kaffi.** Kaffee.

Nomen und persönliche Pronomen können als Subjekt stehen. Das Objekt ist die Satzergänzung, die im Akkusativ, Dativ oder Genitiv gebeugt werden kann, je nachdem, welchen Fall das Verb oder ein zum Objekt gehörendes Verhältniswort verlangt. Eine Zeitangabe muss nicht immer stehen.

Ef þið labbið þangað, finnið þið veginn aftur.
äf thėð labbėð thaungað, fėnnėð thėð väijėnn aftür
wenn ihr lauft dorthin, findet ihr Weg-den(Akk) wieder
Wenn ihr dorthin lauft, findet ihr den Weg wieder.

Fragen

Hier wird zwischen Ergänzungsfragen (Fragen mit Fragewort) und Entscheidungsfragen (Ja-Nein-Fragen) unterschieden.

Ergänzungsfragen

hver? *kvär*	wer?
hvers? *kvärs*	wessen?
hverjum? *kvärjüm*	wem?
hvern? *kvärtn*	wen?
hvað? *kvað*	was?, wie?
hvaða? *kvaða*	was für ein(e), welche(r)? (m / w / s)
hvernig? *kvättnėG*	auf welche Art und Weise? wie beschaffen?
hvar? *kvar*	wo?
hvaðan? *kvaðan*	von wo? woher?
hve mikið? *kvė mėkjėð*	wie viel?
hvert? *kvärt*	wohin?
hvenær? *kvänair*	wann?
af hverju? *aav kvürjü*	warum?

Hvert fer hann og hvenær?
kvärt fär hann oG hvänair
Wohin geht er und wann?

Hvernig bíl áttu?
kvättnėG bil auHtü
wie Auto hast-du
Was für ein Auto hast du?

Hvað er þetta hús stórt?
kvað är thäHta huus stourt
was ist dieses Haus groß
Wie groß ist dieses Haus?

Entscheidungsfragen

Entscheidungsfragen, also Fragen, auf die man nur mit **já** („ja") oder **nei** („nein") antworten kann, bildet man wie im Deutschen durch Wortumstellung, und zwar, indem man das Personalpronomen und das Verb vertauscht:

Þú ert að skrifa.
thu ärt að skreeva
du bist zu schreiben
Du schreibst.

Ert þú að skrifa?
ärt thu að skreeva
bist du zu schreiben
Schreibst du?

Auf verneinte Fragen antwortet man anstelle von **já** („ja") mit **jú,** was „ja, doch" bedeutet.

Ert þú ekki að skrifa?
ärt thu äHkjė að skreeva
bist du nicht zu schreiben
Schreibst du nicht?

Jú, ég er að skrifa.
juu, jäG är að skreeva
ja-doch, ich bin
Doch, ich schreibe.

Zahlen und Zählen

Bei den Zahlen von 1 bis 4 werden männliche, weibliche und sächliche Formen unterschieden. Zusammengesetzte Grundzahlen (z. B. 21, 22...) werden nach dem Muster „zwanzig und eins" etc. gebildet.

Grundzahlen

0	**núll** *null*	11	**ellefu** *ättlavü*
1	**einn** (m) *äittn* **ein** (w) *äin* **eitt** (s) *äiHt*	12	**tólf** *toulf*
		13	**þrettán** *thräHtaun*
		14	**fjórtán** *fjourtaun*
2	**tveir** (m) *tväir* **tvær** (w) *tvair* **tvö** (s) *tvö*	15	**fimmtán** *(fėmtaun)*
		16	**sextán** *(sächstaun)*
		17	**sautján** *(söjtjaun)*
3	**þrír** (m) *thriir* **þrjár** (w) *thrjaur* **þrjú** (s) *thrju*	18	**átján** *(autjaun)*
		19	**nítján** *(nitjaun)*
		20	**tuttugu** *(tüHtüGü)*
4	**fjórir** (m) *fjourir* **fjórar** (w) *fjourar* **fjögur** (s) *fjöGür*	21	**tuttugu og einn ...**
		22	**tuttugu og tveir ...**
		30	**þrjátíu** *(thrjautiü)*
5	**fimm** *fėmm*	40	**fjörutíu** *(fjörütiü)*
6	**sex** *sächs*	50	**fimmtíu** *(fėmtiü)*
7	**sjö** *sjö*	60	**sextíu** *(sächstiü)*
8	**átta** *auHta*	70	**sjötíu** *(sjötiü)*
9	**níu** *niiü*	80	**áttatíu** *(auHtatiü)*
10	**tíu** *tiiü*	90	**níutíu** *(nitiü)*

100	**hundrað** *(hündrað)*
100	**hundrað og einn...**
200	**tvö hundruð**
300	**þrjú hundruð**
1000	**þúsund** *(thuusünd)*
2000	**tvö þúsund** usw.

1 Million	**ein miljón** *(äin miljoun)*
2 Millionen	**tvær miljónir** *(tvair miljounir)*
1 Milliarde	**einn miljarður** *(äittn mėljarðür)*
2 Milliarden	**tveir miljarðar** *(tväir mėljarðar)*

Zählen

Beim Zählen verwendet man immer die männlichen Formen, bei der Angabe der Uhrzeit die sächlichen.

einn maður	*ein(m) Mann*	ein Mann
ein kona	*eine(w) Frau*	eine Frau
eitt barn	*ein(s) Kind*	ein Kind

Tveir („zwei"), **þrír** („drei") und **fjórir** („vier") werden gebeugt und und richten sich wie Adjektive nach dem dazugehörigen Nomen.

	m	w	s
Nom.	**tveir**	**tvær**	**tvö**
Akk.	**tvo**	**tvær**	**tvö**
Dat.	**tveimur**	**tveimur**	**tveimur**
Gen.	**tveggja**	**tveggja**	**tveggja**

	m	w	s
Nom.	**þrír**	**þrjár**	**þrjú**
Akk.	**þrjá**	**þrjár**	**þrjú**
Dat.	**þremur**	**þremur**	**þremur**
Gen.	**þriggja**	**þriggja**	**þriggja**

	m	w	s
Nom.	**fjórir**	**fjórar**	**fjögur**
Akk.	**fjóra**	**fjórar**	**fjögur**
Dat.	**fjórum**	**fjórum**	**fjórum**
Gen.	**fjögurra**	**fjögurra**	**fjögurra**

Wichtig ist vor allem der Genitiv:

Átt þú þriggja manna herbergi?
auHt thu thrėggja manna härbärgjė
hast du dreier(Gen) Menschen(Gen) Zimmer
Haben Sie ein Zimmer für drei Personen?

Ordnungszahlen

Die Ordnungszahlen („erster, zweiter ...") werden gebildet, indem man **-ði, -di** oder **-(s)ti** an die Grundzahl anhängt. Einige Ausnahmen gibt es natürlich.

Ab 3. werden auch die weiblichen und sächlichen Formen regelmäßig gebildet, indem man die Endung **-i** durch **-a** *(w, s)* ersetzt (Beugung also wie schwache Adjektive).

1.	**fyrsti** *(fėrstė)*
2.	**annar** *(m) (annar),* **önnur** *(w) (önnür),* **annað** *(s) (annað)*
3.	**þriðji** *(m) (thrėðjė),* **þriðja** *(w, s) thrėðja*
4.	**fjórði** *(fjourðė)*
5.	**fimmti** *(fėmtė)*
6.	**sjötti** *(sjöHtė)*
7.	**sjöundi** *(sjöündė)*
8.	**áttundi** *(auHtündė)*

9.	**níundi** *(niiündė)*
10.	**tíundi** *(tiiündė)*
11.	**ellefti** *(ättläftė)*
12.	**tólfti** *(toulftė)*
13.	**þrettándi** *(thräHtaundė)*
14.	**fjórtándi** *(fjourtaundė)*
20.	**tuttugasti** *(tüHtüGastė)*
21.	**tuttugasti og fyrsti**
30.	**þrítugasti** *(thritüGastė)*
40.	**fertugasti** *(färtüGastė)*
50.	**fimmtugasti** *(fėmtüGastė)...*

Ab 50. wird die Endung **-tíu** der Grundzahl durch **-tugasti** *(m)* bzw. durch **-tugasta** *(w, s)* ersetzt. Bei 100. und 1000. wird an die Grundzahl die Endung **-asti** *(m)* bzw. **-asta** *(w, s)* angehängt:

100.	**hundraðasti** *(hündraðastė)*
1000.	**þúsundasti** *(thusündastė)*

Lebensalter

Bei der Angabe des Lebensalters stehen die letzte 1, 2, 3 bzw. 4 und **ár** („Jahr") im Genitiv: **eins árs** = „ein Jahr alt", **tuttugu og þriggja ára** = „23 Jahre". Geht es um die Zehner, in denen jemand ist, gibt man immer den nächsten vollen an (was sich für uns immer schrecklich alt anhört): **á tvítugsaldri** = ca. 15 - 19 Jahre, **á þrítugsaldri** = „ca. 25 - 30", **á fertugs- / fimmtugs- / sextugs- / sjötugsaldri** = „auf die 40 / 50 / 60 / 70 zugehen", **fertug·ur / fimmtug·ur / sextug·ur / sjötug·ur** „40 / 50 / 60 / 70 Jahre erreicht haben (und etw. drüber sein)".

Ab dann wechselt Isländisch den Ausdruck: **áttræð·ur / níræð·ur** = „80 / 90 Jahre erreicht haben" (die weibliche Form lässt **-ur** wie üblich immer weg).

Zeit und Datum

Es wird meist auch offiziell das 12-Stunden-System verwendet.

yfir	nach	**korter**	viertel
í	vor	**hálf-**	halb

Klukkan hvað?
klüHkan kvað
Uhr-die was
Um wieviel Uhr?

Hvað er klukkan?
kvað är klüHkan
was ist Uhr-die
Wie spät ist es?

Klukkan sjö.
klüHkan sjö
Uhr-die sieben
Um sieben Uhr.

Klukkan er sjö.
klüHkan är sjö
Uhr-die ist sieben
Es ist sieben Uhr.

korter yfir þrjú
kortär eevir thrju
viertel nach drei

hálfsjö
haulwsjö
halb sieben

allgemeine Zeitangaben

í fyrradag *i ferradaG*	vorgestern
í gær *i gjair*	gestern
í dag *i daG*	heute
í morgun *i morgün*	heute Morgen, vormittags
um hádegi *üm haudäijė*	heute Mittag, mittags
eftir hádegi *äftir haudäijė*	heute Nachmittag, nachmittags
í kvöld *i kvöld*	heute Abend, abends
í nótt *i nouHt*	heute Nacht, in der Nacht
á morgun *au morgün*	morgen

í fyrramálið *i fėrramauléð*	morgen früh
annað kvöld *annað kvöld*	morgen Abend
hinn daginn *hėnn daijėnn*	übermorgen
um daginn *üm daijėnn*	neulich
í fyrra *i fėrra*	voriges Jahr
að ári *að aurė*	nächstes Jahr
strax *strachs*	sofort
alltaf *altav*	immer
oft *oft*	oft
sjaldan *sjaldan*	selten
aldrei *aldräi*	nie
síðast·i (-a, -a)	vergangene(r) ...
næst·i (-a, -a)	nächste(r) ...

síðasta haust og næsta sumar
letzten Herbst und nächsten Sommer
letzten Herbst und nächsten Sommer

eftir + *Akk:* „in ...“:	**eftir tvær vikur** *nach zwei(Akk) Wochen(Akk)* in zwei Wochen
fyrir + *Dat:* „vor ...“:	**fyrir sex dögum** *vor sechs(Dat) Tagen(Dat)* vor sechs Tagen
í + *Akk:* „... lang“:	**í þrjár vikur** *in drei(Akk) Wochen(Akk)* drei Wochen lang

Wochentage

Die Wochentage werden wie **dag·ur, -s, -ar** (m2) gebeugt, das als Ausnahme den Dativ **degi** hat.

mánudag·ur	Montag
þriðjudag·ur	Dienstag
miðvikudag·ur	Mittwoch
fimmtudag·ur	Donnerstag
föstudag·ur	Freitag
laugardag·ur	Samstag
sunnudag·ur	Sonntag
helgidag·ur	Feiertag

á mánudaginn (kemur / var)
an Montag-den(Akk) (kommt / war)
am (nächsten / letzten) Montag

á mit Akkusativ steht, wenn der letzte oder nächste Montag (Dienstag, Mittwoch ...) gemeint ist oder allgemein ein genau definierter Zeitpunkt: **á gamlárskvöld** „an Silvester".

á mit Dativ bedeutet dagegen eine ungenaue oder einen längeren Zeitraum umfassende Zeitangabe: **á mánudögum** = allgemein „an Montagen", **á þessu ári** „in diesem Jahr", **á jólunum** „an Weihnachten".

Monate

Die Monatsnamen sind männlich, aber immer endungslos. Da sie sich fast genauso wie im Deutschen anhören, braucht man sie wohl nicht zu übersetzen: **janúar, febrúar, mars, apríl, maí, júní, júlí, ágúst, september, október, nóvember, desember.**

Mánudaginn fjórða janúar
Montag-den(Akk) vierten(Akk,m) Januar
Montag, den 4. Januar

þann fimmta september
den fünften(Akk,m) September
am 5. September

Isländisch sprechen

In diesem Abschnitt erfahren Sie alles, was man in und über Island wissen sollte, auch und vor allem als Individualreisender.

Jedermannsrecht: was es bedeutet (und was nicht) sowie umfangreiches Vokabular zu Outdoor und Camping, aber auch für Hotel und Restaurant (Seite 129).

Naturgewalten und Vulkane faszinieren wohl fast jeden Besucher Islands, bergen aber auch Gefahren. Ein Kapitel ist dem entsprechenden Wortschatz gewidmet. (Seite 124).

Elfen, Trolle und andere **heimliche Bewohner Islands** werden als besonderes isländisches Kulturgut in einem eigenen Kapitel gewürdigt. (Seite 133).

Damit die **moderne Welt** nicht zu kurz kommt, gibt es auch ein Kapitel für die in Island sehr beliebten elektronischen Gadgets und alles Digitale. (Seite 151).

Wörter, die weiterhelfen

Mit den folgenden Ausdrücken kann man schon das Wichtigste auf Isländisch sagen:

Fyrirgef ...!	*feerirgjäv*	Entschuldige ...!
Má ég ...?	*mau jäG*	Darf ich ...?
Takk fyrir.	*taHk feerir*	Vielen Dank.
Gjörðu svo vel.	*gjörðü svo väl*	Bitte (sehr).
Allt í lagi.	*alt i laijė*	Alles in Ordnung.

Er hér ...? – Gibt es ...?

Mit diesem Satz kann man auch nach anderen Dingen fragen, wie einem Campingplatz, Laden oder Arzt.

?

Er hér hótel?
är chjär houtäl
Gibt es hier ein Hotel?

mögliche Antworten

Já, hér er hótel.
jau chjär är houtäl
ja, hier ist Hotel
Ja, hier gibt es ein Hotel.

Nei, hér er ekki hótel.
näj chjär är äHkjė houtäl
nein, hier ist nicht Hotel
Nein, hier gibt es kein Hotel.

Bei Bussen, Flugzeugen, Schiffen würde man sagen (den Zielort muss man dann allerdings im Genitiv beugen):

?

Fer héðan rúta / flugvél / skip til ...? *(+ Gen)*
fär chjäðan ruuta / flüGvjäl / skjėp tėl ...
geht von-hier Bus / Flugzeug / Schiff nach ...
Gibt es von hier ein(en) Bus / Flugzeug / Schiff nach ...?

mögliche Antwort

Já, héðan fer rútan númer tvö.
jau, chjäðan fär ruutan numär tvö
ja, von-hier geht Bus-der Nummer zwei
Ja, die Nummer zwei geht von hier.

Nei, héðan fer ekki rúta.
näj, chjäðan fär äHkjė ruuta
nein, von-hier geht nicht Bus
Nein, von hier gibt es keinen Bus.

Hvar er ...? – Wo ist ...?

Hvar er hótel „Saga"?
kvar är houtäl saGa
wo ist Hotel Saga
Wo ist das Hotel „Saga"?

Hvar er umferðamiðstöðin?
kvar är ümfärðaméðstöðėn
wo ist Busbahnhof-der
Wo ist der Busbahnhof?

Hvar er sjúkrahús?
kvar är sjukrahuus
Wo ist ein Krankenhaus?

Die Frage **hvar er ...** kann mit jedem Wort aus den Wortlisten ohne weitere Veränderung ergänzt werden. Nachfolgend einige Beispiele, denen die grammatischen Angaben Geschlecht und Klasse folgen. Dazu aber später mehr.

apótek *(s2)*	eine Apotheke
læknir *(m4)*	ein Arzt
banki *(m1)*	eine Bank
sendiráðið *(s2)*	die Botschaft
biðstöðin *(w3)*	die Bushaltestelle
tjaldstæði *(s3)*	ein Campingplatz
flugvöllurinn *(m6)*	der Flughafen
höfnin *(w6)*	der Hafen
lögreglan *(w1)*	die Polizei
pósthúsið *(s2)*	das Postamt
veitingahús *(s2)*	ein Restaurant
verslun *(w5)*	ein Supermarkt

bensínstöð *(w3)*	eine Tankstelle
sími *(m1)*	ein Telefon
verkstæði *(s3)*	eine Werkstatt

Damit man bei der Antwort nicht ausschließlich auf Gesten angewiesen ist, hier ein paar Hinweise:

til vinstri	(nach) links
til hægri	(nach) rechts
beint áfram	geradeaus
til baka	zurück

Mig vantar ... – Ich brauche ...

Mig vantar herbergi.
mėG vantar härbärgjė
Ich brauche ein Zimmer.

Mig vantar (wörtl.: „mir fehlt") wird oft bei abstrakten Begriffen (z. B. Hilfe, Information, Unterkunft) gebraucht und wenn man wirklich etwas benötigt, nicht nur kaufen möchte. Wenn man etwas im Laden kaufen möchte, sagt man:

Ég ætla að fá ... – Ich möchte ...

Auch in diesem Satz muss man das Wort, das man einsetzen möchte, im Akkusativ beugen:

Ég ætla að fá miða.
jäG aiHtla að fau mėða
ich möchte zu bekommen Fahr- / Eintrittskarte(Akk)
Ich möchte eine Fahrkarte / Eintrittskarte.

Miði bedeutet jede Art von Zugang gewährender Karte.

Nichts verstanden?

Wer so fleißig war und sich von der Sprache ein bisschen angeeignet hat, wird natürlich anfangs immer wieder auf Unbekanntes stoßen. Isländer sind gerne behilflich, Lücken zu füllen, wenn man fragt:

Hvað er þetta á íslensku / þýsku?
kvað är thäHta au iislänskü / thiskü
was ist das auf Isländisch(Dat) / Deutsch(Dat)
Was heißt das auf isländisch / deutsch?

Wenn der Isländer ein bisschen Deutsch versteht, kann man die Frage so stellen:

Hvað er „Seehund" á íslensku?
was ist „Seehund" auf Isländisch(Dat)
Was heißt „Seehund" auf isländisch?

Darauf wird der Isländer antworten: **selur.** Nun möchte man vielleicht gerne wissen, wie man den armen Seehund durch den grammatikalischen Fleischwolf dreht:

Hvaða kyn hefur þetta orð?
kvaða kjėn hävür thäHta orð
was-für-ein Geschlecht hat dieses Wort
Was für ein Geschlecht hat dieses Wort?

Það er „hann selurinn".
thað är „hann sälürėnn"
es ist „er Seehund-der"
Das heißt „er der Seehund".

Aus dem Personalpronomen, das immer davorgesetzt wird, kann man das grammatische Geschlecht erraten. Weiter:

Hvernig á ég að beygja þetta orð?
kvättnėG au jäG að bäjja thäHta orð
wie habe ich zu beugen dieses(Akk) Wort(Akk)
Wie muss ich dieses Wort beugen?

Man bekommt dann zur Antwort:

Hér er selur,	*hier ist Seehund,*
um sel,	*um Seehund(Akk),*
frá seli,	*von Seehund(Dat),*
til sels.	*zu Seehund(Gen)*

Nach **hér er** folgt der Nominativ, nach **um** der Akkusativ, nach **frá** der Dativ, nach **til** der Genitiv.

Viltu skrifa þetta niður fyrir mig?
vėltü skrėva thäHta nėðür feerir mėG
willst-du schreiben nieder das für mich(Akk)
Kannst du mir das bitte aufschreiben?

Íslenskan er ekki einföld.
iisländskan är äHkjė äinföld
isländisch ist nicht einfach
Isländisch ist nicht einfach.

Ég ætla að halda áfram að læra íslensku.
jäG aiHtla að halda auffram að laira iisländsku
ich möchte zu machen weiter zu lernen Isländisch
Ich möchte Isländisch weiterlernen.

Talar þú ...? (+ Akk)
talar thu ...
Sprichst du ...?

mögliche Antwort

Ég tala bara pínulítið ...
jäG tala bara piinüliitėð ...
Ich spreche nur wenig ...

þýsku	*thiskü*	Deutsch
ensku	*änskü*	Englisch
sænsku	*sainskü*	Schwedisch
dönsku	*dönskü*	Dänisch
íslensku	*iisländskü*	Isländisch

Ég skil þig (ekki).
jäG skjėl thėG (äHkjė)
ich verstehe dich(Akk) (nicht)
Ich verstehe dich (nicht).

Ha!
Wie bitte?

Viltu tala svolítið hægar.
vėltü tala svoliitėð haiGar
willst-du sprechen ein-wenig langsamer
Sprich bitte etwas langsamer.

Das ist kein Scherz. Wenn man nichts verstanden hat, sagt man einfach **ha!**, aber nicht mit fragendem Ton („ha?"), sondern mit fallendem, eben: **ha!**

Das bedeutet aber auch, dass man ein deutsches „aha!" im Sinne von „so ist das also" und ähnliches nicht von sich geben sollte, weil der Isländer das als Frage auffasst und alles noch einmal von vorne erzählt. Statt dessen kann man sagen **jájá, einmitt** oder, bei großem Erstaunen, **núú?**

Island verstehen

Island ist nicht so exotisch, dass man sich auf vollkommen andere Sitten und Gebräuche einstellen müsste. Dennoch ein paar hilfreiche Hinweise:

Die allgemeine Anrede der Isländer untereinander ist **þú** - „du". Auch der Fremde wird so angeredet. Es drückt die isländische Lebensweise aus: ohne Umschweife, aber dennoch im Rahmen einer gewissen, nie übertriebenen Höflichkeit.

In Island bedankt man sich häufiger als bei uns und auch zu mehr Gelegenheiten. Die Isländer üben große Toleranz Kindern, Lärm, anderen Meinungen usw. gegenüber, rühmen die „deutsche Pünktlichkeit", sehen diese aber gern etwas lockerer.

Auf gepflegte Erscheinung aber legen die Isländer großen Wert. Es lohnt sich durchaus, auch als Rucksacktourist wenigstens eine saubere Garnitur dabeizuhaben, wenn man sich länger in der Stadt aufhält. Aus Gesprächen weiß ich, dass man sich an allzu „wilden" Erscheinungen ziemlich stört, besonders in Geschäften und Banken. Auch daran, wenn man bestimmten Aufforderungen, wie beim Betreten des Hauses die Schuhe auszuziehen, nicht nachkommt.

Mit Isländern in persönlichen Kontakt zu kommen, ist anfangs nicht einfach. Je besser man die Sprache spricht, um so weiter öffnen sich allerdings auch die Türen, und man kann dann oft ein ganz anderes Island, sozusagen „von innen", erleben.

Einladungen ins Restaurant sind kaum üblich, eher schon auf einen Kaffee nach Hause. Da Alkohol sehr teuer ist, freuen sich manche Gastgeber durchaus über einen guten Tropfen – allerdings ist ein Teil der Isländer streng abstinent!

Das beste und einfachste ist: natürlich und höflich auftreten, ohne Scheu, etwas Gespür für die Art und Weise der Leute, dann kommt man in Island am besten zurecht.

Die isländische Namensgebung

Die Isländer machen es heute noch wie vor 1000 Jahren: Der Name besteht aus dem Vornamen **(fornafn)** und dem Vaternamen **(föðurnafn):** Bei Männern wird an den Genitiv des väterlichen Vornamens **-son,** bei Frauen **-dóttir** angehängt. Gelegentlich kommt ein Familiennamen **(ættarnafn)** hinzu.

Jón, Sohn des **Guðmundur,** heißt **Jón Guðmundsson,** seine Schwester **Anna** ist **Anna Guðmundsdóttir.** Allerdings wird die eigentliche Bedeutung des **föðurnafn** noch empfunden. Man heißt nicht **Guðmundsson,** sondern man ist **Guðmundsson:**

Ég heiti Jón og er Guðmundsson.
jäG häitė joun oG är gvüðmündsson
Ich heiße Jón und bin Guðmundurs Sohn.

Die Silbe **Guð-** in Namen wird immer *gvüð* ausgesprochen. Die Beugung der Namen kennt zwar einige Besonderheiten, verläuft aber wie die der Substantive. So wird aus **Anna** oder **Barbara,** die zu w2 gehören, in Akk., Dat. und Gen. **Önnu** und **Barböru** *(Ö!).* Auch **-son** und **-dóttir** werden gebeugt:

Akk.	**Jón Guðmundsson**	**Önnu Guðmundsdóttur**
Dat.	**Jóni Guðmundssyni**	**Önnu Guðmundsdóttur**
Gen.	**Jóns Guðmundssonar**	**Önnu Guðmundsdóttur**

Verzeichnisse aller Art, wie z. B. das Telefonbuch, sind nach dem Vornamen geordnet. Bei Bestellungen etc. wird oft nur nach dem Vornamen gefragt. Im Übrigen hat jeder, der in Island einmal angemeldet war, seine unveränderliche **kennitala,** eine persönliche Kennzahl, mit der man überall von Bank bis zu allen Behörden, im Gesundheitswesen etc. alle Verwaltungsakte recht einfach erledigen kann. Eine sehr praktische Einrichtung.

Die Straßennamen eines Stadtbezirkes haben meist dieselbe Grundbezeichnung, nach der der ganze Bezirk benannt wird. So gibt es z. B. im Stadtbezirk **Reykjavík-Stekkir** die Straßen **Fremristekkur, Urðarstekkur, Hamrastekkur, Hólastekkur, Geitastekkur.** Straßennamen stehen in Adressen im Dativ, der Ortsname (meist) im Nominativ, z. B.:

Leifur Bergþórsson,
Álfhólsvegi 5,
220 Hafnarfjörður (**-vegi** ist der Dativ von **-vegur** „Straße“)

Anrede

In Island redet man sich immer mit dem Vornamen an und duzt sich, auch wenn man nicht näher bekannt ist. Wenn man jemanden nicht kennt, auch seinen Vornamen nicht weiß, wendet man sich an ihn, indem man sich vorstellt. Etwas weniger höflich ist es, das Gespräch sofort mit **Heyrðu ...** „hör mal“ zu beginnen.

Góðan daginn, ert þú Páll?
gouðan daijénn, ärt thu pauttl
Guten Tag, bist du Paul?

Ríkharður heiti ég.
Rikharðür häitė jäG
Richard heiße ich.

Heyrðu, ...
häirðü, ...
hör-du, ...
Hör mal, ...

Begrüßen und Verabschieden

Im Isländischen gibt es diverse Begrüßungsformeln:

Aussprache-beispiele

Góðan daginn.
gouðan daijènn
guten(Akk) Tag-den(Akk)
Guten Morgen / Tag.

Gott kvöld.
goHt kvöld
guten(Akk) Abend(Akk)
Guten Abend.

Góða nótt.
gouða nouHt
gute(Akk) Nacht(Akk)
Gute Nacht.

Bekannte grüßt man mit **hæ!** Darüber hinaus sagt man oft (zu einem Mann und einer Frau unterschiedlich):

Sæll og blessaður!
saittl oG blässaðür
glücklicher(m) und gesegneter(m)
Grüß dich! (zum Mann)

Sæl og blessuð!
sail oG blässüð
glückliche(w) und gesegnete(w)
Grüß dich! (zur Frau)

Eine Gruppe von nur Männern bzw. Frauen grüßt man ebenso mit den entsprechenden Mehrzahlformen **Sælir og blessaðir!** *(m,Mz)* bzw. **Sælar og blessaðar!** *(w,Mz)*. Eine gemischte Gruppe von Männern und Frauen grüßt man mit der sächlichen Mehrzahlform:

Sæl og blessuð!
sail oG blässüð
glückliche(s,Mz) und gesegnete(s,Mz)
Seid gegrüßt! (zu Männern und Frauen)

Hvað segir þú?
kvað säijir thuu
was sagst du
Wie geht's?

mögliche Antworten

Allt gott, takk fyrir.
allt goHt, taHk feerir
alles gut, danke dafür
Danke, gut.

Já, svona, svona.
jau, svona, svona
ja, so, so
Nicht besonders.

Mér líður illa.
mjär liðür ittla
mir(Dat) geht schlecht
Mir geht's schlecht.

Hvað er að?
kvað är aað
was ist zu
Was ist los?

Verabschieden

Möchte man sich nach einer Einladung verabschieden, kann man dies einleiten mit:

Ég verð að fara núna.
jäG värð að faara nuna
ich werde zu gehen jetzt
Ich muss jetzt gehen.

Gaman að sjá þig.
gaman að sjau thėG
Freude zu sehen dich(Akk)
Es war nett, dich zu sehen.

Sjáumst við aftur?
sjauümst vėð aftür
sehen-sich wir wieder
Sehen wir uns wieder?

mögliche Antwort

Sjáumst.
sjauümst
(wir-)sehen-sich
Wir sehen uns.

Man bedankt sich für den Abend und erhält als Antwort:

Takk fyrir í dag / í kvöld.
taHk feerir i daaG / i kvöld
Danke für heute / den Abend.

Takk, sömuleiðis!
taHk, sömüläiðės
Danke, gleichfalls!

Bless!
bläss
Auf Wiedersehen!

Sieht man sich am nächsten Tag oder noch später wieder, bedankt man sich ein zweites Mal:

Takk fyrir í gær / síðast.
taHk feerir i gjair / siiðast
Danke für den gestrigen Abend / das letzte Beisammensein.

Das erste Gespräch

Ein erstes Gespräch könnte etwa wie folgt verlaufen:

Aussprache-beispiele

Hvað heitir þú?
kvað häitir thu
Wie heißt du?

mögliche Antwort

Ég heiti Bernd.
jäG häitė Bernd
Ich heiße Bernd.

Hvaðan ert þú?
kvaðan ärt thu
Woher bist du?

mögliche Antwort

Ég er frá Þýskalandi / Austurríki / Sviss.
jäG är frau thiskalandė / öjstürriikė / svėss
ich bin aus Deutschland(Dat) / Österreich(Dat) / Schweiz(Dat)
Ich bin aus Deutschland / Österreich / der Schweiz.

Hvað ert þú búinn / búin að vera hér lengi?
kvað ärt thu buuėn / buuėn að vära hjär läingjė
was bist du fertig(m / w) zu sein hier lange
Wie lange bist du (m / w) schon hier?

Hvar býrð þú?
kvar biirð thu
wo wohnst du
Wo wohnst du?

mögliche Antwort

Ég bý hjá Ásgeiri / í Breiðholti.
jäG bii chjau ausgjäirė / i bräiðholtė
ich wohne bei Ásgeir(Dat) / in Breiðholt(Dat)
Ich wohne bei Ásgeir / in Breiðholt.

Hvað ert þú gamall / gömul?
kvað ärt thu gamattl / gömül
was bist du alt(m) / alt(w)
Wie alt bist du (m / w)?

mögliche Antworten

Ég er tuttugu og sjö ára gamall / gömul.
jäG är tüHtüGü oG sjö aura gamattl / gömül
ich bin zwanzig und sieben Jahre(Gen) alt(m) / alt(w)
Ich (m / w) bin siebenundzwanzig Jahre alt.

Ert þú kvæntur / gift?
ärt thu kvaintür / gjift
bist du verheiratet(m / w)
Bist du (m / w) verheiratet?

Átt þú börn?
auHt thu börtn
hast du Kinder
Hast du Kinder?

Hvað gerir þú?
kvað gjärir thu
was arbeitest du
Was arbeitest du?

Ég er ...
jäG är ...
Ich bin ...

Berufsbezeichnung sind immer männlich, auch für Frauen:

skrifstofumaður *(m) skrėvstovümaður*	Angestellte(r)
verkamaður *(m) värkamaður*	Arbeiter(in)
skiptinem·i *(m1) skjėftėnämė*	Austauschschüler(in)
verslunarmaður *(m) värslünarmaður*	Geschäftsmann (-frau)
iðnaðarmaður *(m) ėðnaðarmaður*	Handwerker(in)
verkfræðingur *(m2) värkfraiðing-gür*	Ingenieur(in)
kennar·i *(m1) kjännarė*	Lehrer(in)
á eftirlaunum *au äftirlöjnüm*	Rentner
nem·i *(m1) nämė*	Schüler(in) / Student(in)

Hvernig finnst þér Ísland?
kvättnėG fėnnst thjär iisland
wie gefällt dir(Dat) Island
Wie gefällt dir Island?

mögliche Antwort

Alveg æðislegt, en veðrið gæti verið betra!
alväG aiðėslächt, än väðrėð gjaitė värėð bäätra
ganz wahnsinnig, aber Wetter-das könnte gewesen(s) besser
Einfach sagenhaft, nur das Wetter könnte besser sein!

Bitten, Danken, Wünschen

Die Isländer bedanken sich viel, gern und oft, und man sollte da als Besucher oder Gast nicht nachstehen. Wenn man z. B. eingeladen wird, sagt der Gastgeber oft:

Aussprachebeispiele

Komdu inn, gakktu í bæinn!
kondü ėnn, gachtü i baijėnn
komm(!) herein, geh(!) in Bauernhof-den(Akk)
Komm doch herein!

Darauf sagt man ganz einfach das, was immer passt, nämlich **Takk fyrir** *taHk feerir* „Danke dafür.

Vilt þú kaffi eða te?
viltü kaffė äða tää
Willst du Kaffee oder Tee?

mögliche Antworten

Kaffi, takk.	**Te, takk.**
kaffė, taHk	*tää, taHk*
Kaffee, bitte.	Tee, bitte.

Man sagt hier also statt des deutschen „bitte" eigentlich auch schon „danke". Beim Einschenken oder bei fast allen Gelegenheiten, bei denen man im Deutschen „bitte" sagt, sagt der Isländer:

Gerðu svo vel!
gjärðü svo väl
Bitteschön!

Vilt þú meira kaffi / te / köku?
vilt thu mäira kaffė / tää / kökü
Willst du mehr Kaffee / Tee / Kuchen?

mögliche Antworten

Já, takk.	**Nei, takk.**
jau, taHk	*näi, taHk*
Ja, danke.	Nein, danke.

Nur **já** oder **nei** zu sagen, ist ziemlich unhöflich. Nach dem Kaffee oder Essen bedankt man sich noch einmal.

Takk fyrir kaffið / matinn.
taHk feerir kaffėð / matėnn
danke für Kaffee-den(Akk) / Essen-das(Akk)
Danke für den Kaffee / das Essen.

mögliche Antwort

Verði þér að góðu!
värðė thjär að gouðü
werde dir zu guten(Dat)
Wohl bekomm's!

Meistens sagt man auch gleich dazu, wofür man sich bedankt:

Takk fyrir hjálpina / lánið.
taHk feerir chjaulpėna / launėð
danke für Hilfe-die(Akk) / Leihe-die(Akk)
Danke für die Hilfe / fürs Leihen.

Der folgende Dank passt zu jeder Gelegenheit:

Ég þakka þér kærlega fyrir.
jäG thaHka thjär kjairtläGa feerir
ich danke dir(Dat) herzlich für
Ich danke dir herzlich dafür.

mögliche Antworten

Það var lítið.
thað var liitėð
es war wenig
Nicht der Rede wert.

Það var ekkert.
thað var äHkärt
es war nichts
Keine Ursache.

Wünschen

Til hamingju!
tėl hamingjü
zum Glück(Gen)
Herzlichen Glückwunsch!

Gangi þér vel!
gaung-gji thjär väl
gehe-es dir(Dat) gut
Viel Glück!

Weitere wichtige Wunschformeln, die man kennen sollte:

Gleðileg jól!
gläðėläG joul
fröhliche(Akk) Weihnachten(Akk)
Fröhliche Weihnachten!

Gleðilega hátíð!
gläðėläGa hautiið
fröhliches(Akk) Fest(Akk)
Fröhliches Fest!
(Ostern / Pfingsten)

Gleðilegt nýtt ár og takk fyrir það gamla!
gläðėlächt niHt aur oG taHk feerir thað gamla
gutes(Akk) neues(Akk) Jahr(Akk) und danke für das(Akk) altes(Akk)
Gutes neues Jahr und danke für das alte!

Gleðilegt sumar og takk fyrir veturinn!
gläðėlächt sümar oG taHk feerir vätürėnn
fröhlichen(Akk) Sommer(Akk) und danke für Winter-den(Akk)
Fröhlichen Sommer und danke für den Winter!

Zu Gast sein

Mitbringsel können je nach Situation, Geschmack und Bekanntheitsgrad ausfallen, Tabus gibt es kaum. Nur Alkohol sollte man nicht ohne weiteres verschenken, da manche Isländer strenge Abstinenzler sind.

?

Má bjóða þér í mat / í kaffi?
mau bjouða thjär i mat / i kaffė
darf einladen dir(Dat) in Essen(Akk) / in Kaffee(Akk)
Darf ich dich zum Essen / zum Kaffee einladen?

mögliche Antwort

Takk fyrir, ég þigg það.
taHk feerir, jäG thėgg thað
danke dafür ich annehme das
Danke ja, gerne.

Þetta er handa þér.
thäHta är handa thjär
das ist für dir(Dat)
Das ist für dich.

Skál!
skaul
Schale
Prost!

Unterwegs

Bær bezeichnet vom Einödhof bis zu Reykjavík jede Art von Ansiedlung. Mit **borg** werden nur Großstädte bezeichnet, Reykjavík wird gerne nur **borgin** – „die Stadt" – genannt. Das Zentrum einer Ansiedlung heißt **miðbær** oder **miðborg.**

in der Stadt

Afsakaðu, hvar er ...?
avsakaðü, kvar är ...
Entschuldige, wo ist ...?

Hvernig kemst ég til ...?
kvättnėG kjämst jäG tėl ...
Wie komme ich zu / nach ...?

In den folgenden Wortlisten stehen in Klammern unregelmäßige Mehrzahlformen sowie die Beugungsklasse.

útisundlaug, -ar *(w3)*	Freibad
bíó *(s2)*	Kino
kirkj·a *(w1)*	Kirche
safn, *Mz:* **söfn** *(s2)*	Museum
ráðhús *(s2)*	Rathaus
leikhús *(s2)*	Theater
háskól·i *(m1)*	Universität

?

Hvað er hér merkilegt að sjá?
kvað är chjär märkjėlächt að sjau
Was ist hier Interessantes zu sehen?

mögliche Antwort

Farðu ...
farðü ...
Fahr / geh ...

til vinstri	*tėl vėnstrė*	nach links
til hægri	*tėl haiGrė*	nach rechts
beint áfram	*bäint auffram*	geradeaus
til baka	*tėl baka*	zurück
fyrst	*fėrst*	zuerst
svo	*svo*	dann

Jegliche Art von Fortbewegung, zu Fuß oder mit einem Verkehrsmittel, heißt immer **að fara.**

umferðaljós *(s2)*	Ampel
fjallveg·ur, -ir *(m2)*	Gebirgsweg
þjóðveg·ur *(m2)*	Hauptstraße (einstellige Nr.)
gatnamót *(Mz s2)*	Kreuzung
Hringveg·ur *(m2)*	Ringstraße um Island (Nr. 1)
malarborinn veg·ur *(m2)*	Schotterpiste
gat·a, götur *(Ö! w1)*	Straße (Stadt)
veg·ur, -ir *(m2)*	Weg, Straße (mehrstellige Nr.)

Die offiziellen Straßennummern sind auf jeder Karte zu finden und sagen implizit etwas über deren Güte und Befahrbarkeit (vor allem Nichtbefahrbarkeit) aus.

?

Hvað er langt til hverasvæðisins?
kvað är laungt tėl kvärasvaiðėsėns
was ist weit zu / nach Heißquellengebiet-des(Gen)
Wie weit ist es zum Heißquellengebiet?

mögliche Antworten

Það er (ekki) langt.
thað är (äHkjė) laungt
Es ist (nicht) weit.

Um það bil ... kílómetrar.
üm thað beel ... kjiloumätrar
Um den Dreh ... Kilometer.

Toilette

Hvar er salerni?
kvar är salärtnė
wo ist Toilette
Wo gibt es eine Toilette?

Má ég nota salernið?
mau jäG noota salärtnėð
darf ich benutzen Toilette-die(Akk)
Darf ich die Toilette benutzen?

Konur	Damen
Karlar	Herren

Það vantar sápu / salernispappír.
thað vantar saupü / salärtnėspaHpir
es fehlt Seife / Toilettenpapier
Es fehlt Seife / Toilettenpapier.

Ég get ekki sturtað niður.
jäG gjät äHkjė ßtürtað nėðür
ich kann nicht spülen hinunter
Die Spülung funktioniert nicht.

mit dem Bus

Im Reykjavíker Stadtbus gibt es drei Möglichkeiten zur Bezahlung: Per elektronischer Karte **KLAPP kort** *(s2)*, die **KLAPP app** *(s2)* und eine papierne Zehnerkarte **KLAPP tí·a** *(w1)*.

Das Überlandbussystem wird von mehreren konkurrierenden Busunternehmen betrieben, die Fahrkarten anderer Unternehmen nicht unbedingt anerkennen. Informationen darüber gibt es in größeren Orten am Busbahnhof **(umferðamiðstöð)** oder z. B. unter *www.ferdalag.is/en*. In kleineren Orten oder entlang der Ringstraße sind Hotels und Tankstellen Anlaufstationen und Infostellen für Busfahrten. Es gibt mittlerweile zahlreiche Unternehmen für touristische Fahrten zu allen möglichen Destinationen.

Ferðaáætlun *(w5)*	Fahrplan
Sumaráætlun *(w5)*	Sommerfahrplan
Vetraráætlun *(w5)*	Winterfahrplan
strætó, -ar *(m3)*	Stadtbus
rút·a *(w1)*	Überlandbus

Hvaða strætó / rúta fer til ...? *(+ Gen)*
kvaða straitou / ruuta fär tėl ...
Welcher Stadtbus / Überlandbus geht zu / nach ...?

Hvenær og hvaðan fer rútan til ...? *(+ Gen)*
kvänair oG kvaðan fär ruutan tėl ...
wann und von-wo fährt Bus-der zu / nach ...
Wann und von wo geht der Bus zu / nach ... ab?

Hvað kostar ferð til ...? *(+ Gen)*
kvað kostar färð tėl ...
Was kostet (eine) Fahrt zu / nach ...?

Ég ætla að fá einn / tvo / þrjá miða til ... *(+ Gen)*
jäG aiHtla að fau äittn / tvoo / thrjau meeða tėl ...
ich möchte zu bekommen eine(Akk) / zwei(Akk) / drei(Akk) Karten(Akk) zu / nach ...
Ich möchte bitte eine / zwei / drei Fahrkarten nach ...

eina leið
äina läið
eine Strecke
einfache Fahrkarte

báðar leiðir
bauðar läiðir
beide Strecken
Hin- und Rückfahrkarte

Geturðu sagt mér hvenær ég á að fara út?
gjätürðü sacht mjär kvänair jäG au að faara uut
kannst-du gesagt mir(Dat) wann ich habe zu gehen hinaus
Kannst du mir sagen, wann ich aussteigen muss?

Möchte man umsteigen, sagt man:

Skiptimiði, takk!
skjėftėmėðė, taHk
Wechselkarte, danke
Eine Umsteigekarte, bitte.

Dann erhält man ein winziges Kärtchen, auf dem gedruckt steht, wie lange man nach dem Umsteigen noch weiter fahren darf.

Hvað kostar það að taka reiðhjólið með?
kvað kostar thað að taka räiðhjoulėð mäð
was kostet es zu nehmen Fahrrad-das(Akk) mit
Was kostet es, ein Fahrrad mitzunehmen?

Hvað tekur ferðin langan tíma?
kvað täkür färðėn laung-gan tiima
was nimmt Fahrt-die lange(Akk) Zeit(Akk)
Wie lange dauert die Fahrt?

mit dem Schiff

bát·ur, -s, -ar *(m2)*	Boot
bátaleig·a *(w1)*	Bootsverleih
ferj·a *(w1)*	Fähre
höfn, hafnar, hafnir *(Ö!) (w6)*	Hafen
bryggj·a *(w1)*	Kai
vélbát·ur *(m2)*	Motorboot
skip *(s2)*	Schiff
hvalaskoðun, -ar *(w5, Mz unüblich)*	Walbeobachtung

Außer der Fähre von Þorlákshöfn zu den Vestmannaeyjar gibt es noch eine ganze Reihe weniger bekannter Fähren, z. B. nach Akranes, Grímsey und im Breiðafjörður.

Ég ætla að leigja bát.
jäG aiHtla að läija baut
ich möchte zu mieten Boot(Akk)
Ich möchte gerne ein Boot mieten.

Hvenær á ég að skila bátnum?
kvänair au jäG að skeela bauHtnüm
wann habe ich zu zurückgeben Boot-dem(Dat)
Wann muss ich das Boot zurückbringen?

Hvar á ég að skila bátnum?
kvar au jäG að skeela bauHtnüm
wo habe ich zu zurückgeben Boot-dem(Dat)
Wo muss ich das Boot zurückbringen?

mit dem Flugzeug

Die größeren Städte verbindet ein gutes Inlandsflugnetz. Am Flughafen wird Englisch gesprochen.

flugvöll·ur *(m6)*	Flughafen
flugvél, -ar, -ar *(w3)*	Flugzeug
innanlandsflug *(s2)*	Inlandflug
farangursgeymsl·a *(w1)*	Gepäckaufbewahrung

mit dem Taxi

Taxis bestellt man entweder per Telefon oder hält sie durch Winken an. Außerdem gibt es überall auch Taxistandplätze.

Ert þú laus?
ärt thu löjs
bist du frei
Bist du frei?

Viltu keyra mig á ...? *(+ Akk)*
vėltü kjäira mėG au ...
willst-du fahren mich(Akk) zu ...
Fährst du mich zum / zur ...?

flugvöllinn	*flüGvöttlėnn*	Flughafen
umferðamiðstöðina	*ümfärðamėðstöðėna*	Busbahnhof
hótel	*houtäl*	Hotel
farfuglaheimilið	*farfügglahäimėlėð*	Jugendherberge
tjaldstæðið	*tjaldstaiðėð*	Zeltplatz

Ég ætla að panta leigubíl klukkan ... á morgun.
jäG aiHtla að panta läiGübiil klüHkan ... au morgün
ich möchte zu bestellen Taxi Uhr-die ... auf morgen
Ich möchte ein Taxi für morgen ... Uhr bestellen.

mit eigenem Auto

Die Polizei **(lögregla)** führt Radarkontrollen nicht nur dort durch, wo das Schild **Radarmælingar** steht, sondern überall. Und sie kassiert sofort und saftig.

Die Promillegrenze ist niedrig, aber es sollte selbstverständlich sein: Kein Alkohol am Steuer! Die isländischen Straßen erfordern auch asphaltiert mehr Aufmerksamkeit als anderswo in Mitteleuropa. Es passieren immer mehr Unfälle, weil Touristen auf engen Straßen wegen eines Fotomotivs abrupt abbremsen, anstatt hundert Meter von einem besseren Parkplatz aus zurückzulaufen. Es wird auch an ziemlich unmöglichen Stellen geparkt, wobei es meist keine zwei Minuten dauert, bis aus einem Touristenauto zehn an derselben Stelle werden. Besondere Vorsicht auch an den unübersichtlichen Kuppen und Engstellen bei einspurigen Brücken. Tödliche Unfälle nehmen leider zu.

Überall im Land ist an den Tankstellen Selbstbedienung und Zahlung mit Bank- oder Kreditkarte (mit PIN!) möglich. Sollte dennoch einmal etwas nicht funktionieren, die Karte nicht akzeptiert werden oder die Zapfsäule streiken, kann man sein Anliegen an der Theke so formulieren:

Ég ætla að fá bensín.
jäG aiHtla að fau bänsin
ich möchte zu bekommen Benzin
Ich möchte gerne Benzin bekommen.

Er sjálfsafgreiðsla hér?
är sjaulsawgräiðsla hjär
ist Selbstbedienung hier
Ist hier Selbstbedienung?

An mit **Sjálfsali** gekennzeichneten Tanksäulen kann man mit Geldscheinen und Kreditkarten selbst tanken, wenn geschlossen ist. Im Allgemeinen haben Tankstellen lange auf. Bei Tankstellen auf dem Lande stehen stets kleine Läden dabei, oft mit Café oder Würstchenbude. Solche kleinen Läden, nicht nur an Tankstellen, heißen **sjoppa** *(w1)* und sind oft eine Art Treffpunkt.

bensínstöð, -var *(w3)*	*bänsinstöð*	Tankstelle
verkstæði *(s3)*	*värkstaiðė*	Werkstatt

Fyll'ann! (Abk. f.: **Fylla hann!**)
fėttlann
fülle ihn(Akk)
Volltanken, bitte.

Bara fyrir tvö þúsund krónur, takk.
baara feerir tvö thusünd krounür, taHk
nur für zwei tausend Kronen danke
Nur für 2000 Kronen, danke.

Ég ætla að fá þrjátíu lítra ....
jäG aiHtla að fau thrjautiü liitra ...
ich möchte zu bekommen dreißig Liter ... (+ Akk)
Ich möchte bitte dreißig Liter ...

bensín *(s2)*	*bänsin*	Benzin
dísel / diesel	*diisäl*	Diesel
olía *(w1)*	*olia*	Öl
olíuskipti	*oliüskjėftė*	Ölwechsel
níutíu og átta	*niitiüauHta*	Super (98 Okt.)
vatn *(s2)*	*vaHtn*	Wasser

Ertu með loftþrýstimæli?
ärtü mäð loftthristėmailė
bist-du mit Luftdruckmesser(Akk)
Hast du einen Luftdruckmesser?

Wenn man bei Eis und Schnee längere Zeit fährt, sind Spikes unbedingt zu empfehlen. Man kann seine Reifen in jedem Reifendienst „spicken" lassen.

Geturðu neglt dekkin?
gjätürðü nälcht däHkjėn
kannst-du genagelt Reifen-die(Akk)
Kannst du meine Reifen mit Spikes versehen?

Panne!

Wenn die Hauptstraßen auch alle asphaltiert sind, so gibt es trotzdem immer noch teilweise sehr rumpelig-steinige Nebenstrecken. Im Falle eines Falles sagt man:

Það er sprungið hjá mér.
thað är sprung-gėð chjau mjär
es ist geplatzt bei mir(Dat)
Ich habe eine Reifenpanne.

Ég varð fyrir slysi.
jäG varð feerir sleesė
ich wurde für Unfall(Dat)
Ich hatte einen Unfall.

Hvar er næsta bílaverkstæði / bensínstöð?
kvar är naista biilavärkstaiðė / bänsinstöð
wo ist nächste Werkstätte-die / Tankstelle-die
Wo ist die nächste Werkstatt / Tankstelle?

Geturðu dregið bílinn minn þangað?
gjätürðü dräijėð biilėnn mėnn thaung-gað
kannst-du gezogen Wagen-den(Akk) meinen(Akk) dorthin
Kannst du mich bis dahin abschleppen?

Gæti ég fengið far?
gjaitė jäG fäingjėð faar
könnte ich bekommen Fahrt(Akk)
Kannst du mich ein Stück mitnehmen?

Bíllinn er bensínlaus.
biittlėnn är bänsinlöjs
Auto-das ist benzinlos
Mir ist das Benzin ausgegangen.

Ertu með varageymi?
ärtü mäð vaaragjäimė
bist-du mit Reservekanister(Akk)
Hast du einen Reservekanister?

Bíllinn minn stendur í / hjá ...
biittlėnn mėnn ständür i / chjau ...
Wagen-der mein steht in / bei (+ Dat)
Mein Wagen steht in / bei ...

Hann er bilaður.
hann är beelaðür
er ist kaputt(m)
Er ist kaputt.

In der Werkstatt

Viltu gera svo vel og skoða ... *(+ Akk)*
vėltü gjära svo väl oG skooða ...
willst-du tun so gut und anschauen ...
Kannst du bitte mal ... ansehen?

Geturðu gert við það?
gjätürðü gjärt véð thað
kannst-du gemacht mit das(Akk)
Kannst du das reparieren?

Vantar varahluti?
vantar vaaraHlüté
Fehlen Ersatzteile?

Hvað kostar það og hvað tekur það langan tíma?
kvað kostar thað oG kvað täkür thað laung-gan tiima
was kostet es und was nimmt es lange(Akk) Zeit(Akk)
Was kostet es und wie lange dauert es?

reipi *(s3)*	Abschleppseil
ræs·ir *(m4)*	Anlasser
púströr *(s2)*	Auspuff
batterí *(s2)*	Batterie
brems·a *(w1)*	Bremse
drif *(s2)*	Getriebe
reim, -ar *(w3)*	Keilriemen
kúpling, -ar *(w2)*	Kupplung
vél, -ar *(w3)*	Motor
dekk *(s2)*	Reifen
viðgerð, -ir *(w3)*	Reparatur
slang·a *(w1)*	Schlauch
(snjó)keðj·a *(w1)*	Schneekette
nagladekk *(s2)*	Spikesreifen
startkapal·l, -kaplar *(A! m3)*	Startkabel
dempar·i *(m1)*	Stoßdämpfer
ventil·l, -tlar *(A! m5)*	Ventil
blöndung·ur *(m2)*	Vergaser
tjakk·ur *(m2)*	Wagenheber
kerti *(s3)*	Zündkerze

Trampen

Ertu að fara til ...? *(+ Gen)*
ärtü að faara tėl ...
bist-du zu fahren nach / zu ...
Fährst du zufällig nach / zu ...?

Get ég / getum við fengið far?
gjät jäG / gjätüm vėð fäingjėð faar
kann ich / können wir bekommen Fahrt(Akk)
Kann ich / können wir mitkommen?

Verkehrsschilder und Hinweise

Aðvörun	Warnung
Akið varlega	Vorsichtig fahren
Ath!	Achtung!
Bifreiðastöður bannaðar / Bílastæði bönnuð	Parken verboten
Blindhæð(ir)	unübersichtliche Stelle(n)
Einkavegur	Privatweg
Hraðahindrun	Straßenschwelle
Hringsjá	Aussichtspunkt
Lífshætta	Lebensgefahr
Nýlögð klæðning	Neuer Straßenbelag
Öll umferð bönnuð	Zufahrt verboten
Slitlagslögn	Asphaltierung
Steinkast	Steinschlag
Tjaldstæði (bönnuð)	Zelten erlaubt (verboten)
Upplýsingar	Information

Nach einer Gefahrenstelle steht oft das Schild:

Þökkum tillitsaman akstur!
Vielen Dank für rücksichtsvolles Fahren!

hundrað og ellefu

Unfall

Það varð (alvarlegt) slys.
thað varð (alvarlächt) slees
es wurde (ernster) Unfall
Es ist ein (ernster) Unfall passiert.

Kallaðu strax á lögregluna / sjúkrabíl / slökkviliðið!
kattlaðü strachs au löggrägglüna / sjuukrabiil / slöHkvėlėðėð
ruf(!) sofort an Polizei-die(Akk) / Krankenwagen(Akk) / Feuerwehr-die(Akk)
Ruf sofort die Polizei / einen Rettungswagen / die Feuerwehr!

Hann / hún er meðvitundarlaus.
hann / huun är mäðvėtündarlöjs
er / sie ist bewusstlos
Er / sie ist bewusstlos.

Ég / hann / hún meiddist.
jäG / hann / huun mäiddėst
ich / er / sie verletzte-sich
Ich bin / er ist / sie ist verletzt.

mit Wohn- und Geländewagen

Neben den großen Autoverleihketten haben sich auch etliche Verleihfirmen für Camper von Mini- bis Maxigröße, Gelände- und Wohnwagen etabliert. Die meisten Individualreisenden dürften so motorisiert unterwegs sein, wenn sie nicht ihr eigenes Fahrzeug von zu Hause mitbringen.

Ég þarf tengingu við rafmagn.
jäG tharf tängingü vėð rawmaggn
Ich brauche einen Stromanschluss.

Ég þarf tengingu við vatnslögn.
jäG tharf tängingü vėð vaHslöggn
Ich brauche einen Wasseranschluss.

Hvar get ég tæmt / hreinsað ferðaklósettið?
kvar gjät jäG taimt / Hräinsað färðaklousäHtėð
Wo kann ich die Chemietoilette entleeren / reinigen?

Hvar get ég hlaðið rafhlöðuna / farsímann?
kvar gjät jäG Hlaðėð rafHlöðüna / faarsimann
Wo kann ich den Akku / mein Handy aufladen?

Get ég fengið ... að láni?
gjät jäG fäingjėð ... að launė
kann ich bekommen ... zu Leihgabe
Kann ich ... leihen?

millistykki *(s3)*	Adapter
dráttarbeisli *(s3)*	Anhänger am Wohnwagen
dráttarkúl·a *(w1)*	Anhängerkupplung am Auto
yfirbygging *(w2)*	Aufbau (z. B. Wohnwagen), Karosserie
rafkerfi *(s3)*	Bordelektrik
þaklúg·a *(w1)*	Dachluke
(trufluð) móttak·a *(w1)*	(gestörter) Empfang (Satellit, Handy, TV)
rafmagnstengil·l, -tenglar *(m5)*	externe Steckdose, z. B. am Wohnwagen
hjólagrind *(w3)*	Fahrradträger
gashylki *(s3)*	Gasflasche
jeppi *(m1)*	Geländewagen
farangursgrind *(w3)*	Gepäckträger

grind *(w3)*	Gitter, Träger
kojuhús *(s2)*	Koje, Aufbau von Wohnwagen
hleðslutæki *(s3)*	Ladegerät (für Bordstrom)
pantur *(m2)*	Pfand
própan *(s2)*	Propan
skíðagrind *(w3)*	Skiträger
slöngutengi *(s3)*	Schlauchanschluss (z. B. für Gas)
sólarrafhlað·a *(w1)*	Solarpanel
innstung·a *(w1)*	Steckdose (nur im Haus)
kló, *Mz:* **klær** *(w4)*	Stecker
pláss *(s2)*	Stellplatz
ökuljósatengi *(s3)*	Stromanschlusskabel für Rücklichter
stoð, -ar, -ir *(w3)*	Stütze
mót *(s2)*	Treffen (z. B. von Landwagenfahrern)
sliskj·ur *(Mz, w1)*	Unterlage unter durchdrehende Räder (Sand / Schnee)
húsbíl·l *(m5)*	Wohnmobil
hjólhýsi *(s3)*	Wohnwagen
tjaldvagn, -s, -ar *(m2)*	Zeltwagen

Ég þarf vegpunkta fyrir GPS / leiðsögukerfið.
jäG tharf vägpunkta feerir dschi pi äss / läiðsöGükjärféð
Ich brauche Wegpunkte für das GPS / Navi.

... er bilaður / biluð / bilað.
... är beelaðür / beelüð / beelað
... ist kaputt (m / w / s).

Furten

Hvernig kemst ég yfir skarðið / vaðið?
kvättnėG kjämst jäG iivir skarðėð / vaaðėð
Wie komme ich über den Pass / die Furt?

Hversu djúpt er vaðið?
kvärsü djuft är vaaðėð
Wie tief ist die Furt?

Eru erfiðir / gljúpir / grýttir vegarkaflar framundan?
ärü ärféðir / gljupir / griHtir väGarkabblar framündan
Gibt es schwierige / „verschluckende" / grobsteinige Pistenabschnitte voraus?

Er óhætt að vera einn á ferð um þennan veg?
är ouhaiHt að vära äittn au färð üm thännan väG
ist ungefährlich zu sein allein auf Reise entlang diese Straße
Kann man hier alleine fahren?

Eigum við að verða samferða?
äiGüm vėð að värða samfärða
Sollen wir zusammen fahren?

Vélin hefur blotnað.
vjälėn hävür bloHtnað
Der Motor hat Wasser angesaugt.

Wetter

Wind, Schnee und Sturm können in Island durchaus unterschätzt werden, insbesondere in ihrer Wirkung auf Fahrzeuge und Verkehr. Deshalb gibt es mehrere Warnstufen vor gefährlichen Wettersituationen:

Aussprachebeispiele

gul viðvörun: Warnstufe gelb

starker Wind bzw. Niederschlag,
mit Beeinträchtigungen des Verkehrs ist zu rechnen

appelsínugul viðvörun: Warnstufe orange

Sturm bzw. massive Niederschläge,
Straßen können für manche Fahrzeuge unbefahrbar werden

rauð viðvörun: Warnstufe rot

Orkan, weithin nicht mehr befahrbare Straßen z. B. durch meterhohe Schneeverwehungen, absolut kein Durchkommen mehr, möglicherweise Lebensgefahr

Wetter ist daher ein wichtiges Thema, gerade auch für die Reise, das unter Umständen über Leben und Tod entscheiden kann. Es ist ratsam, sich ausführlich über das Wetter zu informieren, da es sich sehr schnell ändert. Besonders im Hochland sollte man nie losfahren, ohne unmittelbar vorher noch die neuesten Wetterinfos gehört zu haben. Wetternachrichten erhält man in allen bewirtschafteten Hütten, aus Zeitung, Rundfunk, Fernsehen und dem Internet unter *www.vedur.is*. Die orange gestrichenen Schutzhütten sind wirklich nur für den Notfall, und nicht – da unverschlossen und mit einem Notvorrat ausgestattet – eine Gelegenheit, sich billig durchs Land zu schwindeln! Sich im Hochland ein Schaf fürs Abendessen zu schnappen, wie es schon passiert, ist Diebstahl und wird empfindlich bestraft. Jedes Tier ist im Besitz eines landwirtschaftlichen Betriebs.

vindur – der Wind

Die folgenden Windbezeichnungen sind zwar offiziell abgeschafft und durch Geschwindigkeiten in m / s ersetzt. Umgangssprachlich werden sie immer noch verwendet.

logn *(s2)*	Windstille (max. 0,2 m / s)
gola *(w1)*	leichte Brise (3,4 - 5,4 m / s)
kaldi *(m1)*	frische Brise (8,0 - 10,7 m / s)
stinningskaldi / strekkingur	„Regenschirmkiller" (10,0 - 13,8 m / s)
allhvasst	13,9 - 17,1 m / s

Die nicht seltenen Stürme werden mit ansteigender Intensität als **hvassviðri**, **stormur**, **rok**, **ofsaveður** und **fárviðri** bezeichnet; letzteres ist ein wirklich schweres und gefährliches Wetter (mehr als 118 km / h), das wir zum Glück in Mitteleuropa kaum kennen. Bei starkem Wind können Autos auf Fahrten über die Sandflächen eine effektive Sandstrahlbehandlung abbekommen, daher Vorsicht! Als **vindstreng·ur, -jar, -ir** *(m2)* wird zum einen das Sturmmaximum bezeichnet, wenn eine Front übers Land fegt. Zum anderen gibt es in Bergnähe vielfach Stellen, wo der Wind durch das Gelände oft überraschend heftig verstärkt wird. Auch solche lokalen Starkwindzonen, die Fahrzeugen beim Hineinfahren wegen des plötzlichen Winddrucks gefährlich werden können, werden so bezeichnet:

Undir Eyjafjöllum liggur vindstrengur.
ündir äijafjöttlüm lėggür vėndsträng-gür
unter Inselbergen liegt Windstrang
An den Eyjafjöll-Bergen ist eine lokale Starkwindzone.

ský – Wolken	
heiðskírt, bjart	wolkenlos und schön
skýjað	bedeckt
léttskýjað	leicht bedeckt
hálfskýjað	halb bedeckt
alskýjað	ganz bedeckt
Sólin skín.	Die Sonne scheint.
Tunglið skín.	Der Mond scheint.
miðnætursól, -ar *(w3)*	Mitternachtssonne
norðurljós *(s2)*	Nordlicht

úrkoma – vom Niederschlag zum Sauwetter	
rigning, -ar, -ar *(w2)*	Dauerregen
mist·ur, -s *(m2)*; **móð·a** *(w1)*	Dunst
hitamóða	Dunst (eher bei warmem Wetter)
súld, -ar *(w3)*	feiner Nieselregen
haglél *(Mz, s2)*	Hagel
él *(Mz, s2)*	kräftige Schneefälle
þok·a *(w1)*	Nebel
leiðinlegt veður	Sauwetter
skúr,-ar, -ir *(w3)*	Schauer, meist bei schönem Wetter
snjókom·a *(w1)*	Schneefall
slydd·a *(w1)*, **kalsarigning, -ar, -ar** *(w2)*	Schneeregen (mit Eiskörnern)
stórhríð, -ar, -ar *(w3)*	Schneesturm
gluggaveður *(s2)*	sonnig-kaltes Wetter (wörtlich: Fensterwetter, weil's nur von drinnen schön aussieht)
úrkomulaust, þurrt	trocken

veðrið – die Wetterlage	
á ströndinni	an der Küste
árdegis	in der ersten Tageshälfte
austanátt	Ostwind
breytileg átt	veränderliche Brise
frost ... stig	... Grad unter Null
hæð *(w3)*	Hochdruckgebiet
hæg átt	leichte Brise
hætt við skúrum	Gefahr von Schauern
hiti ... stig	... Grad über Null
hlýnar	es wird wärmer
hlýtt	warm
hvessir	der Wind frischt auf
í innsveitum	im Landesinneren
kalt	kalt
kólnar	es wird kälter
lægð *(w3)*	Tiefdruckgebiet
lægir	der Wind legt sich
léttir til	Wolken reißen auf
minnkandi	schwindend
norðanátt	Nordwind
síðdegis	in der zweiten Tageshälfte
skil *(Mz, s2)*	(Wetter)Front
sunnanátt	Südwind
svalt	kühl
þykknar upp	es bewölkt sich
um mest allt land	über fast ganz Island
vaxandi	wachsend
vestanátt	Westwind
víða	weithin

Hvernig er veðrið í ... ?
kvättnėG är väðrėð i ...
wie ist Wetter-das in ... (+ Dat)
Wie ist das Wetter in ...?

Það fer að ...
es geht zu ...
Es wird ...

rigna *rėggna*	regnen
hvessa *kvässa*	auffrischen (Wind)
batna *baHtna*	sich bessern

Er hægt að fara til ... ?
är haicht að faara tėl ...
ist möglich zu gehen zu ... (+ Gen)
Kann man nach ... gehen (fahren)?

Þú verður að bíða.
thu värðür að biiða
du wirst zu warten
Du musst warten.

Færð á vegum – Befahrbarkeit der Straßen

Viele Straßen im Landesinneren sind nicht asphaltiert und manchmal unangenehme Holper- und Schotterpisten. Ansonsten ist zu bemerken, dass stets mit Licht gefahren wird, die Höchstgeschwindigkeit in Ansiedlungen 45 km / h und außerhalb 90 km / h beträgt. Man kann von Isländern und von der **Vegagerð Ríkisins,** dem Staatlichen Straßenbauamt, eine Information über den Straßenzustand erhalten (www.vegagerdin.is).

Hvernig er færð á vegi númer ...?
kvättnėG är fàrð au väijė nuumär ...
wie ist Befahrbarkeit auf Weg-dem(Dat) Nummer ...
Wie befahrbar ist die Straße Nr. ...?

Hann er opinn.
hann är opėnn
Sie ist geöffnet.

Hann er lokaður.
hann är lokaðür
Sie ist geschlossen.

Hann er ófær.
hann är oufair
Sie ist unbefahrbar.

Hann er fær.
hann är fair
Sie ist befahrbar.

Ófær / fær bedeutet auch, dass die Wettersituation so ist, dass ein Schiff oder Flugzeug geht (oder auch nicht):

Það er ófært til Egilsstaða.
thað är oufairt tėl äijėlsstaða
es ist unbefahrbar nach Egilsstaðir(Gen)
Es besteht momentan keine Flugverbindung nach Egilsstaðir.

fyrir alla umferð /	für jeden Verkehr /
jeppa	Geländewagen
vegna snjóa / aurbleytu	wegen Schnee / Aufweichung
hálka / hálkublettir	Straßenglätte / vereinzelte Glätte
skafrenningur	Schneeverwehungen

Achten sollte man auf „die sieben S": **Steine,** die liegen und fliegen; **Schafe,** die plötzlich auftauchen können; **Spurrillen,** besonders im Asphalt; **Seitenwind** und **Schleudergefahr** wegen **Schotter** und **Schlaglöchern.**

bundið slitlag	asphaltierter Belag
malarborinn vegur	geschotterte Piste
lofthit·i *(m1) lofthėtė*	Lufttemperatur
vegarhit·i *(m1) väGarhėtė*	Straßentemperatur
vindhvið·a *(w1) vėndkvėða*	Windbö
veðurstöð, -var, -var *(w3) väðürstöð*	Wetterstation

Auf dem Lande

Die Natur ist sowohl sehr empfindlich als auch zum Teil gefährlich. Deshalb sollte man stets auf vorgeschriebenen Wegen bleiben. Jeden Sommer enden Aufenthalte damit, dass Touristen in Heißquellengebieten durch dünnen Boden durchgebrochen sind, dem äußerlich nichts anzusehen war, und landeten in 120° C heißem Schlamm! Dort, wo der Boden in Heißquellengebieten dunkelbraun und bewachsen ist, ist man einigermaßen sicher.

Trotz des vielen Regens ist im Hochland oft kein Wasser zu finden: Also an genug Wasser denken.

Isländer werden ziemlich sauer, wenn man einer **Laxá,** einem Lachsfluss, zu nahe kommt und die Lachse verschreckt. Auch bei brütenden Vögeln sollte man Vorsicht walten lassen. Manche Seevögel können unangenehm werden und Fischöl speien oder Menschen sogar ziemliche Verletzungen zufügen.

ask·a *(w1)*	Asche
læk·ur, -jar, -ir *(m2)*	Bach
tré *(s2)*	Baum
fjall, -s, fjöll *(Ö! s2)*	Berg
vík, -ur, -ur *(w3)*	Bucht
á, -r, -r *(w7)*	Fluss
tind·ur, -s, -ar *(m2)*	Gipfel
jökul·l, -klar *(A! m5)*	Gletscher
hver, -s, -ir *(m2)*	heiße Quelle
hverasvæði *(s3)*	Heißquellengebiet
heið·i, -ar, -ar *(w8)*	Hochfläche
hálendi *(s3)*	Hochland
hól·l, -s, -ar *(m5)*	Hügel
ey, -jar, -jar *(w3)*	Insel
gíg·ur, -s, -ir *(m2)*	Krater

hraun *(s2)*	Lava
mýr·i, -ar, -ar *(w8)*	Moor
sand·ur, -s, -ar *(m2)*	Sand(fläche)
neyðarskýli *(s3)*	Schutzhütte
laug, -ar, -ar *(w3)*	Schwimmbad; warme Quelle
vatn, -s, vötn *(Ö! s2)*	See (der)
dal·ur, -ir *(m2)*	Tal
eldfjall, -s, fjöll *(Ö! s2)*	Vulkan
skóg·ur, -ar, -ar *(m2)*	Wald
foss, -, -ar *(m3)*	Wasserfall

Við ætlum að fara upp á jökulinn.
véð aiHtlüm að faara üHp au jökülénn
wir wollen zu fahren hinauf auf Gletscher-den(Akk)
Wir wollen auf den Gletscher.

Við ætlum að fara upp á hálendið.
véð aiHtlüm að faara üHp au hauländéð
wir wollen zu fahren hinauf auf Hochland-das(Akk)
Wir wollen ins Hochland.

Við ætlum að koma til baka (um það bil) þann ...
véð aiHtlüm að kooma tél baka (üm thað beel) thann ...
wir wollen zu kommen nach zurück (um den(Akk) Abstand(Akk)) am
Wir wollen (ungefähr) am ... zurück sein.

In den Hüttenbüchern, die es in den meisten bewirtschafteten Hütten gibt, sollte man immer Reiseroute und -dauer angeben, damit im Notfall schnell Hilfe gebracht werden kann.

Verður gott veður?
värðür goHt väðür
Wird (es) gutes Wetter?

Vulkane in Action

Spätestens seit der Eruption des **Eyjafjallajökull** *äija-fjattla-jöküttl* von 2010 sind Islands Vulkane *in Action* zu einem Massenanziehungspunkt aus dem Is- und Ausland geworden. 2014 folgte die **Bárðarbunga** *baurðarbunga* im nördlichen **Vatnajökull** *vaHtna-jöküttl* und 2021 trat die Halbinsel **Reykjanes** mit nachdrücklichen Erdbeben und einer monatelangen Lavaeruption im Gebiet **Geldingadalir** *gjäldingadalir* am Hügel **Fagradalsfjall** *faGradalsfjattl* in eine vermutlich die nächsten Jahrzehnte andauernde Aktivitätsphase ein. Statistisch gesehen ereignen sich zwei bis drei Eruptionen pro Jahrzehnt, wobei ein einmal aktiviertes Vulkangebiet wie **Krafla** *krabbla* in den 1980ern auch dreimal im Jahr losgehen kann. Noch sieht es so aus, als ließen die isländischen Behörden die Besucherströme in gewissen Grenzen gewähren, anders als in vielen anderen Vulkangebieten der Erde. Das bedeutet aber auch: Wenn der Zugang zu einer solchen Attraktion gesperrt ist, gibt es **immer** sehr gute Gründe dafür. Wer sich darüber hinwegsetzt, riskiert auch in Island eine zunehmende Rigorosität bei den Absperrungen. Mit der Zunahme des Massentourismus in Island gibt es überdies sehr viel mehr Unfälle, Rettungsaktionen der **Björgunarsveit** (Bergwacht), die überwiegend unentgeltlich arbeitet, sowie Todesfälle, vor allem an dem berüchtigten Strand **Reynisfjara** bei **Vík** im Süden, wo immer wieder Touristen von unvorhergesehenen Riesenbrechern, vor denen wirklich deutlichst gewarnt wird, unrettbar ins Meer gerissen werden.

Wichtig ist daher der isländische Katastrophenschutz **Almannavarnir,** auf dessen Internetseite gewarnt wird vor Gefahren wie Stürmen, Fluten, Eruptionen, Pandemien, aber auch vor digitalen Bedrohungen wie besonders schädlichen Trojanern etc. Es gibt mehrere Warnstufen **viðvörunarstig** *(s2)*:

óvissustig: Ungewissheitsstufe

bedeutet, dass sich eine gefährliche Entwicklung wie eine Vulkaneruption anbahnt

hættustig: Gefahrenstufe

bedeutet eine bestehende Gefahrensituation größeren Ausmaßes, z. B. dass durch eine Vulkaneruption die Gefahr einer Lavaüberflutung, großflächigen Aschenfalls, Blitzschlags oder vulkanischen Gasen (Säuredämpfe, Kohlenmonoxid etc.) besteht

neyðarstig: Notstufe

bedeutet, dass durch das Ereignis bereits größere Personen- oder Sachschäden eingetreten sind

Eyjafjallajökull

Was bedeutet eigentlich **Eyjafjallajökull?** Es besteht aus **ey** = „Insel", **fjall** = „Berg" und **jökull** = „Gletscher". **Eyja** und **fjalla** sind beide Genitiv Plural, denn der Gletscher liegt auf den **Eyjafjöll,** den „Inselbergen". Das sind die Küstenberge, die den Westmännerinseln, **Vestmannaeyjar,** am nächsten liegen. So bedeutet der Name: Gletscher der Inselberge.

Wie im Katastrophenfall in Deutschland sind mit den verschiedenen Warnstufen bestimmte rechtliche und polizeiliche Einschränkungen gegeben, die in Island – wie gesagt – erfahrungsgemäß nicht übertrieben sind. Die geophysikalische Überwachung der isländischen Vulkane versieht **Veðurstofa Íslands,** das Staatliche Meteorologische Institut. Dort gibt es auch Informationen: *www.vedur.is*

aflýs·a, -i, -ti, -t *(v2 Dat)*	eine Gefahrenstufe aufheben
hættusvæði *(s3)*	Gefahrenzone
lýs·a, -i, -ti, -t yfir *(v2 Dat)*	eine Gefahrenstufe ausrufen
vera hætt kominn	in große Gefahr geraten

viðbúnaðarstig *(s2)*	Bereitschaftsstufe
viðbragðsstig *(s2)*	Warnstufe allgemein
viðvörun, -vörunar, -varanir *(w5)*	Warnung
virkja SMS-skilaboð	Warn-SMS in eine gefährdete Region senden
vörn, varnar, varnir *(w6)*	Schutz(maßnahme)
Almannavarnir	Allgemeinheits-Schutzmaßnahmen

Lýst er yfir óvissustigi.
list är ėwir ouvėssüstėgė
erklärt ist über Ungewissheitsstufe (Dat)
Die erste Warnstufe ist in Kraft gesetzt.

Hættustigi er aflýst.
haiHtüstėgė är afliist
Gefahrenstufe (Dat) ist aufgehoben
Die zweite Warnstufe ist aufgehoben.

Eldgos er yfirvofandi.
äldgos är ėwirvowandė
Eruption ist bevorstehend.
Eine Vulkaneruption droht.

Eldgos braust út við Fagradalsfjall í nótt.
äldgos bröist ut vėð faGradalsfjattl i nouHt
Eruption brach aus bei Schön-Tal-Berg in Nacht
Am Fagradalsfjall hat in der Nacht eine Eruption begonnen.

Hekla er farin að gjósa.
häHkla är farėn að gjousa
Hekla ist gegangen zu sprudeln
Hekla ist ausgebrochen.

Sprunga hefur opnast og hraun rennur niður dalinn.
sprungga häwür oHpnast oG Hröin rännür nėður i dalėn
Spalte hat geöffnet-sich und Lava fließt hinunter Tal-das
Eine Vulkanspalte hat sich geöffnet und Lava fließt das Tal hinunter.

Það er mikið öskufall og eldingahætta.
thað är mėkėð öskúfattl og äldingahaiHta
Es ist großer Aschenfall und Blitzgefahr
Es herrscht starker Aschenregen und Blitzschlaggefahr.

Aðgangur að gosstöðvunum er bannaður að svo stöddu.
aðgaunggür að gosstöðvünüm är bannaður að svo stöddü
Zugang zu Eruptionsstätten ist verboten zu so gestelltem
Der Zugang zu den Eruptionsstellen ist derzeit untersagt.

Gas safnast fyrir í dældum og lægðum í logni.
gas sabbnast fiirir i daildüm oG laiGðüm i loggnė
Gas sammelt sich an in Senken und Vertiefungen in Windstille
Vulkanisches Gas sammelt sich in der Windstelle in Senken und Vertiefungen.

Það verður opnað á morgun.
thað värður oHpnað au morgün
Es wird geöffnet auf morgen
Morgen wird der Zugang wieder freigegeben.

gjós·a, gýs, gaus, gosið *(starkes Verb)*	ausbrechen, eruptiv tätig sein
gasmengun, -ar *(w5)*	Belastung durch vulkanische Gase
gjall *(s2)*	Bims, Tephra
elding, -ar, -ar *(w2)*	Blitz
guf·a *(w1)*	Dampf
gosstöð, -var, -var *(w6, ö bleibt erhalten!)*	Eruptionsstelle
gosmökk·ur, -makkar, -mekkir *(m6)*	Eruptionswolke
sprenging, -ar, -ar *(w2)*	Explosion
gasmæl·ir *(m4)*	Gasmessgerät
gróðureld·ur, -s, -ar *(m2)*	Gras- oder Tundrabrand
gíg·ur, -s, -ir *(m2)*	Krater
gosstrók·ur, -s, -ar *(m2)*	Lava- oder Aschenfontäne
hraunrennsli *(s3)*	Lavafluss
kvik·a *(w1)*	Magma
gang·ur, -s, -ar *(m2)*	magmatischer Gang / Dyke
goshlé *(s2)*	Ruhephase einer Eruption
leirgos *(s2)*	Schlammeruption
gossvæði *(s3)*	Umgebung einer Eruption
(eld)gos *(s2)*	Vulkaneruption
eldsumbrot *(s2)*	vulkanische Aktivität eines Gebiets
gjósk·a *(w1)*	vulkanische Auswurfmassen
bomb·a *(w1)*	vulkanische Bombe
innskot *(s2)*	vulkanische Intrusion
klepr·ar *(Mz, m1)*	vulkanische Schlacke
móð·a *(w1)*	vulkanischer Dunst
gosbjarm·i *(m1)*	Widerschein einer Eruption

Übernachten

Es gibt viele Übernachtungsmöglichkeiten, von Campingplätzen und Privatunterkünften bis hin zu Hotels mit fantastischen Preisen. In den Touristeninfos erfährt man alles darüber.

Aussprache-beispiele

Viele Wasserschutzgebiete sind ausgewiesen, in denen Zelten verboten ist. Sie sind gekennzeichnet mit **VATNSBÓL** und einem durchgestrichenen Zelt.

Wildes Campen wird immer mehr eingeschränkt, da es in den letzten Jahren an vielen Stellen einfach zu viel geworden ist. Formal besteht das **Almannarétt** („Jedermannsrecht") noch, aber besonders in der Nähe von Ortschaften oder an beliebten Destinationen muss man mittlerweile damit rechnen, dass der genervte Landbesitzer oder gar die Polizei auftaucht und auf den nächstgelegenen Zeltplatz verweist. Das **Almannarétt** erlaubt übrigens nur eine Übernachtung an ein und demselben Platz und nur für maximal drei Zelte.

In Städten ist wildes Zelten streng verboten, und die Isländer achten auch darauf, dass das Verbot nicht unterlaufen wird. Skurrile Auswüchse wie das ungefragte Zelten in privaten Vorgärten mit dem Anspruch, dann auch noch die Toilette der Grundstücksbesitzer benutzen zu dürfen, sind schon vorgekommen und entstammen einer völlig falschen Einschätzung der Gegebenheiten in Island.

Auf dem Campingplatz

hjólhýsi *(s3)*	Wohnwagen
húsbíl·l *(m3)*	Wohnmobil
voucherar *(Mz, m3)*	Campinggutscheine

Má tjalda hér?
mau tjalda chjär
(man-)darf zelten hier
Darf man hier zelten?

Hvað kostar það á mann / á tjald?
kvað kostar thað au mann / au tjald
was kostet es auf Mann / auf Zelt
Was kostet es pro Person / pro Zelt?

Get ég fengið (fengið leigt) ... *(+ Akk)***?**
gjät jäG fäingjėð (fäingjėð läicht) ...
kann ich bekommen (bekommen geliehen) ...
Kann ich ... bekommen / leihen?

... sæng	*saing*	eine Bettdecke
... rúmföt	*ruumföt*	Bettwäsche
... ábreiðu	*aubräiðü*	eine Decke
... reiðhjól	*räiðhjoul*	ein Fahrrad
... hæla	*haila*	Heringe
... kodda	*kodda*	ein Kissen
... vindsæng	*vėndsaing*	eine Luftmatratze
... dýnu	*diinü*	eine Matte
... svefnpoka	*sväppoka*	einen Schlafsack
... tjald	*tjald*	ein Zelt
... gúmmí	*gummi*	Zeltösen

Im Hotel oder in der Jugendherberge

Seit ungefähr 2013 schießen überall Hotels, Gästehäuser und andere Übernachtungsmöglichkeiten aus dem Boden, mit recht unterschiedlichen Preis- und Qualitätsniveaus von „geht ja noch“ bis „unglaublich“. Übernachten mit eigenem Schlafsack ist billiger!

Hvað kostar gistingin eina nótt?
kvað kostar gjėstingėn äina nouHt
was kostet Übernachtung-die(Akk) eine(Akk) Nacht(Akk)
Wieviel kostet eine Übernachtung?

Er morgunverðurinn innifalinn?
är morgünvärðürėnn ėnnėfalėnn
ist Frühstück-das inbegriffen
Ist das Frühstück (im Preis) inbegriffen?

Ég ætla að gista hér í eina nótt.
jäG aiHtla að gjėsta chjär i äina nouHt
ich möchte zu übernachten hier in eine(Akk) Nacht(Akk)
Ich möchte eine Nacht hier bleiben.

Ég ætla að gista hér í tvær nætur.
jäG aiHtla að gjėsta chjär i tvair naitür
ich möchte zu übernachten hier in zwei(Akk) Nächte(Akk)
Ich möchte zwei Nächte hier bleiben.

Ég er með svefnpoka.
jäG är mäð sväppoka
ich bin mit Schlafsack(Akk)
Ich habe einen Schlafsack dabei.

Er ennþá eitthvað laust?
är änthau äiHtkvað löjst
ist noch etwas frei
Ist noch etwas frei?

Má ég sjá herbergið?
mau jäG sjau härbärgjėð
darf ich sehen Zimmer-das(Akk)
Darf ich das Zimmer sehen?

Mér líst á það.
mjär liist au thað
mir(Dat) gefällt an es(Akk)
Mir gefällt es.

Mér líst ekki á það.
mjär liist äHkjė au thað
mir(Dat) gefällt nicht an es(Akk)
Mir gefällt es nicht.

Það er kalt í herberginu.
thað är kalt i härbärgjėnü
es ist kalt in Zimmer-dem(Dat)
Es ist kalt im Zimmer.

Má nota eldhúsið?
mau noota äldhusėð
darf gebrauchen Küche-die(Akk)
Darf man die Küche benutzen?

Er hér einhvers staðar rafmagn?
är chjär äinkvärs staðar rawmagn
ist hier eines(Gen) Ortes(Gen) Strom
Gibt es hier eine Steckdose?

Da ist noch wer hier

Island hat sich seit etwa 2010 im Gefolge der Eruption des „Vulkans, dessen Namen nur die Isländer aussprechen können" (und Sie natürlich jetzt auch), des berühmten „Wikinger-Huu" und noch so manch anderer Dinge zu einer gefragten Destination entwickelt. Der Tourismus wird weiterhin kräftig angekurbelt, und es gibt ständig neue Touristenmagnete wie Lifts in Vulkankrater, Gänge in Gletscher, geothermale Freibäder, Museen mit Lavaschmelzereien und vieles mehr. Das führt auch dazu, dass es an manch einer Sehenswürdigkeit zu viel Andrang gibt **(of mikill ásókn).** Hier einige Begriffe in diesem Zusammenhang.

ásókn, -ar, -ir *(w3)*	Andrang, angegangen werden (auch von Gespenstern)
átroðning·ur, -s *(m2)*	Ansturm, zu viele Besucher
álag *(s2)* **á náttúru** *(Akk)*	Belastung der Natur
friðlýst svæði *(s3)*	Biotop, Schutzgebiet
utanvegaakstur *(m3)*	Fahren abseits der Wege (illegal)
landgræðsl·a *(w1)*	Landbegrünung
náttúruvernd, -ar *(w3)*	Naturschutz
náttúruspjöll (s2 Mz)	Naturzerstörung
villuslóð, -ar, -ir *(w3)*	Spur von illegalem Fahren abseits der Wege
turistatorf·a *(w1)*	Touristenschwarm
villustíg·ur, -s, -ir *(m2)*	Trampelpfad
traðk *(s2)*	zertretenes Gelände

Ein Synonym zu **átroðningur** lautet **gestanauð**, wörtlich „Gäste-Not“, also ein von zu vielen Gästen hervorgerufener belastender Zustand.

Die etwas anderen Bewohner Islands

Zu den bekanntesten Behauptungen über Island gehören „der / die Elfenbeauftragte“ im Straßenbauamt sowie schnurgerade Straßen, die um einen Felsblock einen Bogen machen, weil darin das **huldufólk**, die „Verborgenen“, wohnt. Erstere gibt es in dieser Form so nicht, über letzteres kann man diskutieren, weswegen eine Straße tatsächlich einem Felsen ausweicht. Tatsache ist: Für die Isländer gehören all die verborgenen Gestalten, Elfen, Trolle und Geistwesen untrennbar zu ihrem Land. Für die einen existieren sie real; ich kenne Isländerinnen, die nach eigenen Angaben Umgang mit dem **huldufólk** haben. Für die anderen sind sie untrennbarer Bestandteil isländischer Kultur, wenngleich sie nicht wirklich daran glauben. Daher werden mit Erzählungen über übernatürliche Wesen verbundene Orte beim Straßenbau durchaus als historisch wertvoll berücksichtigt. Felsen, die von alters her als **álfabyggð,** „Elfensiedlung", bekannt sind, werden nach Möglichkeit versetzt, gelegentlich aber auch schlicht gesprengt. Es gibt im Internet Berichte über gehäufte Defekte an Baumaschinen oder Unfällen, wenn einer **álfabyggð** zu Leibe gerückt wird. Ich habe selbst im September 1993 Nachrichten derartiger Vorfälle beim Bau der Landebahn in **Patreksfjörður** gesehen, in denen von einem fuchsartigen, schreienden Tier berichtet wurde, das jeden Abend auf der Baustelle auftauchte. In solchen Fällen ruft man tatsächlich einen **miðill,** einen „Vermittler" (m / w) zu Hilfe. Er ist **skyggn,** das bedeutet, er hat die Fähigkeit, Elfen, Zwerge usw. wahrzunehmen und mit ihnen Kontakt aufzunehmen. Oft lässt sich das **huldufólk** auf einen Kompromiss ein und alle Maschinen laufen wieder.

huliðsver·a, -u, -ur *(w1)*	verborgenes Wesen
landvættir *(Mz, m2)*	Schutzgeister des Landes oder einer Region
miðil·l, -s, miðlar *(m5 A!)*	Medium, Vermittler zu Elfen etc.
sjáand·i, -a, sjáendur *(m1)*	hellsichtig Begabte(r)
skyggn, -, -t *(e5)*	hellsichtig, kann Elfen etc. sehen
spámaður / spákona (wie **maður / kona**)	Seher, können Voraussagen machen
vætt·ur, -ar, -ir *(m2 / w8 Sonderform)*	übernatürliches Wesen allgemein

Das **huldufólk** ist mit die bekannteste Gattung der **vættir.** Unzählige Geschichten ranken sich um sie, z. B. dass eine **álfkona** „Elfenfrau" sich bei der Geburt ihres Kindes eine Menschenfrau zu Hilfe rufen ließ und ihr dafür ein Seidentuch schenkte. Es diente lange als Altartuch in der Kirche **Hof** bei **Burstarfell / Vopna-**

fjörður und ist heute im Besitz des Museums **Þjóðminjasafn** in Reykjavík. Das **huldufólk** soll bis heute mehrheitlich katholisch geblieben sein. Überhaupt spielt Religion in all diesen Geschichten eine große Rolle.

álagablett·ur, -s, -ir *(m2)*	„verwünschte Stelle", die auf Wiesen nicht gemäht werden darf
álf·ur, -s, -ar *(m2)*	männlicher Angehöriger des **huldufólk**
álfabyggð, -ar, -ir *(w3)*	Ansiedlung des **huldufólk,** meist auffälliger Felsen oder Felsbuckel
álfakirkj·a, -u, -ur *(w1)*	Kirche des **huldufólk,** ebenfalls in auffällig großen Felsen, meist andersherum als menschliche Kirchen orientiert
huldufólk, -s *(s2 ohne Mz)*	Die Verborgenen
ljúfling·ur, -s, -ar *(m2)*	synonym zu **álfur**

Heidnisch sind dagegen die **tröll,** deren Name eigentlich nicht „Troll" (im Sinne zwergartiger Wesen), sondern „Bergriese" bedeutet. Sie vertragen den Klang von Kirchenglocken nicht. Sie sollen heute, anders als das **huldufólk,** nahezu ausgestorben sein. Obwohl meistens recht grimmige Gesellen, können **tröll** auch besonders treue Freunde von Menschen sein. Daher kommen die in der Alltagssprache verwendeten Begriffe **tröllatrú** „unverrückbare Überzeugung" oder **tröllatryggð** „unverbrüchliche Treue".

dverg·ur, -s, -ar *(m2)*	Zwerg, wohnt meist in Felswänden, die dann **Dverghamrar** „Zwergenfelswand" heißen
flagð, -s, flögð *(s2)*	Riesenweib, auch: **tröllkona**

gýg·ur, -jar, -jar / -ir *(w8 Sonderform)*	Riesenweib
jötun·n, -s, jötnar *(m5 A!)*	Riese
skess·a, -u, -ur *(w1)*	Riesenweib, auch als Schimpfwort für Frauen verwendet
tröll, -s, - *(s2)*	Bergriese
þurs, -s, -ar *(m3)*	Riese (davon kommt: **þursabit** „Riesenbiss“ = Hexenschuss)

Wo wir sagen, etwas sei „für die Katz”, heißt es im Isländischen **unnið fyrir gýg** „fürs Trollweib gearbeitet“.

Unzählige seltsame Wesen gibt es auch im Meer sowohl in menschenähnlicher Gestalt als auch in Tierform. Von vielen gewöhnlichen Tieren soll es riesenhafte Ausgaben geben, die dann mit dem Anhängsel **-móðir** Mutter bezeichnet werden: **laxamóðir** „Lachsmutter“, eine Art riesenhafter gespenstischer Lachs oder **selamóðir,** „Seehundmutter“, ein überdimensionaler Seehund. Nachfolgend nur eine winzige Auswahl von Wasserwesen.

fjörulall·i, -a, -ar *(m1)*	pelziger, hundeartiger Vierfüßer, erschreckt Strandspaziergänger, meist im Nordwesten Islands
marbendil·l, -s, -bendlar *(m5 A!)*	männliches Gegenstück zu Meerjungfrau, oft weise, aber boshaft
orm·ur, -s, -ar *(m2)*	Nessie-artiges Seeungeheuer, z. B. im **Lagarfljót** bei **Egilsstaðir** oder im **Skorradalsvatn** im Westen
sæbú·i, -a, -ar *(m1)*	Meermann / -frau allgemein
sæhest·ur, -s, -ar *(m2)*	Meerpferd: Im Meer lebendes, pferdeartiges Geschöpf

sækýr, -kýr, -kýr *(w7 Sonderform)*	Meerkuh, unheimliches Wesen, das man fangen kann, indem man es in die Nase sticht, sodass es nicht mehr ins Meer zurückkann und gibt bessere Milch als jede gewöhnliche Kuh
skrímsl·i, -is, -i *(s3)*	Ungeheuer, Monster (nicht nur im Meer)

Schließlich dürfen die Geister und Gespenster nicht fehlen, die oft durch menschliches Zutun heraufbeschworen werden. Das sind die übelsten Gesellen. Von ihnen gibt es in ganz Island Hunderte mit Namen wie **Skáladalsdraugur, Írafellsmóri** oder **Hafnarskotta,** die an bestimmte Orte gebunden sind.

Zum isländischen Zauberwesen gibt es in **Hólmavík,** Nordwestisland, ein sehr sehenswertes kleines Museum: **Galdrasýning á Ströndum** mit Exponaten wie der **nábrók,** der „Geld herbeischaffenden Totenhose", einem Sturm-Runenzauber und dem **tilberi** „Zuträger": ein durch schwarze Magie erschaffener Wollwurm, der beim Nachbarbauernhof Butter klauen geht ...

afturgang·a, -göngu, -göngur *(w1 Ö!)*	Untoter, Wiedergänger
draug·ur, -s, -ar *(m2)*	Entweder ortsfestes **(staðári)** oder an Personen gebundenes, umherziehendes Gespenst **(gangári)**
fjölkynng·i, -i *(w8 ohne Mz)*	Wissen um (schwarze) Magie
fylgj·a, -u, -ur *(w1)*	persönlicher Schutzgeist, der das Kommen einer Person als Ahnung oder in Gestalt eines Tieres (z. B. Hund) ankündigt. An **fylgjur** glauben nicht wenige Isländer in gewisser Weise.

galdramaður (wie **maður**)	zauberkräftiger Mann
mór·i, -a, -ar *(m1)*	männliches Gespenst, oft ortsgebunden und in rötlichem **(mórauður)** Wollpulli unterwegs
norn, -ar, -ir *(w3)*	zauberkräftige Frau, Hexe
ófreskj·a, -u, -ur *(w1)*	Monster, unheimliches Wesen allgemein
reimt: það er reimt	es spukt, z. B. in einem Haus oder an bestimmten Stellen im Hochland
sending, -ar, -ar *(w2)*	**uppvakningur,** dem man jemandem auf den Hals hetzt. Unangenehm, wenn der andere stärkere Zauberkraft besitzt und das Ding wieder zurückschickt. Verwandt mit dem grönländischen **tupilaq.**
skott·a, -u, -ur *(w1)*	weibliches Gespenst, oft ortsgebunden und gern in isländischer Frauentracht
uppvakning·ur, -s, -ar *(m2)*	aus dem Grab heraufbeschworener Toter, kann unangenehm werden, wenn man ihn nicht wieder los wird
útburð·ur, -ar, -ir *(m2)*	Gespenst eines ausgesetzten Neugeborenen, dessen Geheul **útburðarvæl** genannt wird
útilegumaður (wie **maður**)	Geächteter, früher ebenso gefürchtet wie **draugar.** Heute bedeutet **útilega** „Camping“.
vof·a, -u, -ur *(w1)*	Geist, Seele eines Verstorbenen, harmloser als **draugar**

An eine Gruppe übernatürlicher Wesen glauben aber alle Isländer: die dreizehn **jólasveinar,** Weihnachtsmännlein. Ab dem 12. Dezember kommen **Askasleikir** „Schüsselschlecker", **Hurðaskellir** „Türknaller", **Bjúgnakrækir** „Wurststibitzer" (und wie sie alle heißen) nach und nach in die Siedlungen, jeden Tag einer, und treiben ihre Streiche, bis am 24. 12. mit **Kertasníkir,** dem „Kerzenbettler", alle da sind. Danach verschwinden sie einer nach dem anderen, bis am **Þréttandinn,** dem dreizehnten Tag nach Weihnachten (6. 1.) alle wieder weg sind. Im Gefolge der **jólasveinar** sind die böse Hexe **Grýla** und die Weihnachtskatze **jólakötturinn.** Man sagt, dass jeder zu Weihnachten mindestens ein (möglichst selbst gewobenes) neues Kleidungsstück haben solle, sonst falle man der Weihnachtskatze zum Opfer: **að fara í jólakött,** oder sie fraß einem mindestens das Weihnachtsessen **jólarefur** weg, das aus einem Stück Fleisch mit Hammeltalg bestand.

Essen und Trinken

Aussprachebeispiele

Das Preisniveau in Island wird nicht mehr als ganz so hoch empfunden wie früher. Es lohnt sich meiner Meinung nach nicht, Lebensmittelvorräte mitzunehmen. Fisch und Milchprodukte einzuführen, ist ohnehin verboten.

In größeren Orten gibt es Lebensmittelketten wie **Bónus, Krónan** oder **10-11,** die zum Teil sehr günstige Angebote bei Milchprodukten, Obst, Brot usw. haben. Viele dieser Billig-Lebensmittelketten kommen und gehen relativ schnell wieder. Auch gibt es einige kleinere Restaurants, in denen man durchaus zu vernünftigen Preisen speisen kann.

Die Öffnungszeiten bei Geschäften sind sehr verschieden, manche haben bis 23.00 Uhr auf. Kauft man sich Fisch, Salat oder dergleichen, sollte man auf die Aufschrift **kælivara** („Kühlware") achten. Andernfalls steht darauf: **niðursoðin vara – kæligeymsla óþörf** („konserviert – keine Kühlung notwendig"). Hier eine kleine Liste von Grundbegriffen rund ums Essen:

kvöldmat·ur, -ar, -ar *(m2)*	Abendessen
desert *(s2)*	Dessert
mat·ur, -ar, -ar *(m2)*	Essen
flask·a *(w1)*	Flasche
morgunmat·ur, -ar, -ar *(m2)*	Frühstück
gaffal·l, -s, gafflar *(A! m5)*	Gabel
drykk·ur, -jar, -ir *(m2)*	Getränk
kann·a *(w1)*	Kanne
skeið, -ar, -ar *(w3)*	Löffel
hníf·ur, -s, -ar *(m2)*	Messer
hádegismat·ur, -ar, -ar *(m2)*	Mittagessen
boll·i *(m1)*	Tasse
disk·ur, -s, -ar *(m2)*	Teller
brús·i *(m1)*	Thermoskanne
glas, -s, glös *(Ö! s2)*	(Trink)Glas

Die Essenszeiten und -gewohnheiten unterscheiden sich nicht allzusehr von den unsrigen. Zwischen den Hauptmahlzeiten gibt es oft einen Kaffee **(kaffi). Fá sér kaffisopa** („einen Kaffee trinken") ist eine beliebte Betätigung und bildet oft auch die Grundlage für eine Einladung.

Isländische Nationalgerichte

Fisch wird viel gegessen, und es gibt eine Unzahl sehr leckerer Gerichte, die ich unmöglich alle aufzählen kann. Hier eine Auswahl:

Fiskbollur sind gebratene Fischklößchen mit Gemüse.

Saltfiskur, ein streng schmeckender Pökelfisch, wird mit zerlassenem Hammelfett und Kohlrüben gegessen.

Plokkfiskur ist ein dicker Eintopf aus Fisch und Kartoffeln.

Kjötsúpa ist eine traditionelle isländische Fleischsuppe.

Fjallagrasaréttir sind Suppen, die aus dem „Isländischen Moos" **(fjallagrös),** einer seltenen Flechte, hergestellt sind.

Lundi, der Papageientaucher, wird besonders auf den **Vestmannaeyjar** viel gefangen.

Skyr heißt eine Art Quark, der mit Sahne verrührt, mit Zucker bestreut oder mit frischen Blaubeeren gegessen wird.

Steikt kaffibrauð sind verschiedene pfannkuchenartige Gebäcke wie **pönnukökur, lummur, vöfflur,** die mit Marmelade, Schlagsahne und Zucker zum Kaffee gegessen werden. Zu **flatkökur** und **skonsur** gibt es meist Deftigeres wie Käse oder **hangikjöt,** geräuchertes Lammfleisch.

Kleinur, skúffukökur, vínarbrauð, tebollur, snúðar sind verschiedene Sorten Gebäck, die alle sehr gut schmecken.

Hverabrauð ist eine echte isländische Spezialität: ein in der dampfenden Erde gesottenes Roggenbrot. Man bekommt es nicht überall, aber wegen seiner Ergiebigkeit ist es für längere Touren außerhalb der Zivilisation sehr zu empfehlen.

Á veitingahúsi – im Restaurant

Þjónn!
thjouttn
Kellner
Kellner!

Má bjóða ykkur eitthvað?
mau bjouða ėHkür äiHtkvað
darf bieten euch etwas(Akk)
Was darf ich den Herrschaften bringen?

Get ég fengið matseðilinn, takk.
gjät jäG fäingjėð maatsäðėlėnn, taHk
kann ich bekommen Speisekarte-die(Akk), danke
Kann ich bitte die Speisekarte bekommen?

Get ég fengið reikninginn, takk.
gjät jäG fäingjėð räiHkning-gėnn, taHk
kann ich bekommen Rechnung-die(Akk), danke
Kann ich bitte die Rechnung bekommen?

Trinkgeld ist in Island nicht üblich.

Mig langar að fá ...
mėG laung-gar að fau ...
mich(Akk) verlangt zu bekommen ...
Ich möchte gerne ...

Þetta er mjög gott!
thäHta är mjöG goHt
Das ist (schmeckt) sehr gut!

Skál!
skaul
Prost!

In vielen Cafés kann man eine kostenlose zweite Tasse Kaffee / Tee **(ábót)** bekommen.

Get ég fengið ábót?
gjät jäG fäingjèð aubout
kann ich bekommen zweite-Tasse
Kann ich eine zweite Tasse (Kaffee / Tee) bekommen?

Það vantar ... *(+ Akk)*
thað vantar ...
Es fehlt ...

Þetta er of saltað / sterkt.
thäHta är oov saltað / stärt
Das ist zu salzig / scharf.

Arten der Zubereitung

bakað·ur, bökuð *(Ö!)*, **bakað** *(e6)*	gebacken
hrá·r, hrá, hrátt *(e2)*	roh
kryddað·ur, krydduð, kryddað *(e6)*	gewürzt
marinerað·ur, -ruð, -rað *(e6)*	mariniert
reykt·ur, reykt, reykt *(e1)*	geräuchert
ristað·ur, ristuð, ristað *(e6)*	geröstet
saltað·ur, söltuð *(Ö!)*, **saltað** *(e6)*	gesalzen
soð·inn, -in, -ið *(e7)*	gekocht
steikt·ur, steikt, steikt *(e1)*	gebraten

fiskur og sjávarréttir – Fisch und Meeresfrüchte

ál·l, -s, -ar *(m5)*	Aal
gedd·a *(w1)*	Hecht
hákarl, -s, -ar *(m3)*	Hai
hrogn *(s2)*	Kaviar, Rogen
humar, -s, -humrar *(A! m3)*	Hummer
hval·ur, -s, -ir *(m2)*	Wal
lax, -, -ar *(m3)*	Lachs
lúð·a *(w1)*	Heilbutt
rauðmag·i *(m1)*	Seehase
rauðsprett·a *(w1)*	Scholle

rækj·a *(w1)*	Garnele
sardín·a *(w1)*	Sardinen
silung·ur, -s, -ar *(m2)*	Forelle
síld, -ar, -ir *(w3)*	Hering
skat·a *(w1)*	Rochen
skel, -jar, -jar *(w3)*	Muscheln
túnfisk·ur, -s, -ar *(m2)*	Thunfisch
ýs·a *(w1)*	Schellfisch
þorsk·ur, -s, -ar *(m2)*	Kabeljau

fuglar – Geflügel

egg *(s2)*	Ei
gæs, -ar, -ir *(w3)*	Gans
kalkún·n, -s, -ar *(m3)*	Truthahn
kjúkling·ur, -s, -ar *(m2)*	Hähnchen
rjúp·a *(w1)*	Schneehuhn
önd, andar, endur *(w)*	Ente

kjöt – Fleisch

álegg *(s2)*	Aufschnitt
bjúg·a *(s1)*	geräucherte Wurst
blóðmör, -s *(m2)*	Blutwurst
folald, -s, folöld *(Ö! s2)*	Fohlen
grís, -s, -ir *(m2)*	Ferkel (Schwein)
kálfur, -s, -ar *(m2)*	Kalb
kind, -ar, -ur *(w3)*	Schaf / Hammel
kæf·a *(w1)*	Pastete
lamb, -s, lömb (Ö! s2)	Lamm
naut *(s2)*	Rind / Kuh
pyls·a *(w1)*	Wiener Würstchen
steik, -ar, -ur *(w3)*	Braten

svín *(s2)*	Schwein
ux·i *(m1)*	Ochse

ávextir – Obst

appelsín·a *(w1)*	Orange
bláber *(s2)*	Blaubeere
epli *(s3)*	Apfel
hindber *(s2)*	Himbeere
kirsuber *(s2)*	Kirsche
krækiber *(s2)*	Krähenbeere
jarðaber *(s2)*	Erdbeere
moltuber *(s2)*	Moltebeere
per·a *(w1)*	Birne
ribsber *(s2)*	Johannisbeere
sólber *(s2)*	schwarze Johannisbeere

Fara í berjamó, „zum Beerenpflücken gehen“, ist im späteren Sommer eine sehr beliebte Freizeitbeschäftigung.

grænmeti – Gemüse

agúrk·a *(w1)*	Gurke
baun, -ar, -ir *(w3)*	Erbse
blómkál *(s2)*	Blumenkohl
gulrót, -ar, -rætur *(w4)*	Möhre
hvítlauk·ur, -s, -ar *(m2)*	Knoblauch
kartafl·a, kartöflur *(Ö! w1)*	Kartoffel
lauk·ur, -s, -ar *(m2)*	Zwiebel
paprik·a *(w1)*	Paprika
rauðróf·a *(w1)*	rote Bete
salat, salöt *(Ö! s2)*	Salat
svepp·ur, -s, -ir *(m2)*	Pilz
tómat·ur, -s, -ar *(m2)*	Tomate

meðlæti – Beilagen

núðl·a *(w1)*	Nudel
hrísgrjón *(Mz s2)*	Reis
franskar *(Mz w)*	Pommes frites
ídýf·a *(w1)*	Soße, Tunke

Óáfengir drykkir – Alkoholfreie Getränke

djús *(s2)*	Fruchtsaft
gos *(s2)*	Limonade
kaffi *(s3)*	Kaffee
kakó *(s2)*	Kakao
kók, -s, - *(s3)*	Coca-Cola
mjólk, -ur *(w3)*	Milch
(ávaxta)te *(s2)*	(Früchte-)Tee
vatn *(s2)*	Wasser

Áfengir drykkir – Alkoholische Getränke

Wie auch in Skandinavien ist der Alkohol in Island sehr teuer, und Spirituosen kann man nur in speziellen Geschäften kaufen. Alkoholika gibt es in der **VÍNBÚÐIN,** die am roten Traubensymbol zu erkennen ist. Auch darf nicht in allen Restaurants Alkohol ausgeschenkt werden. Leichtes Bier gibt es jedoch überall zu kaufen.

bjór, -s, -ar *(m3)*	Bier (mehr als 2,5%)
brennivín *(s2)*	Branntwein, Schnaps
hvítvín *(s2)*	Weißwein
kampavín *(s2)*	Champagner

maltöl *(s2)*	Malzbier
pilsner, -s, -ar *(m2)*	Bier (2,5 %)
rauðvín *(s2)*	Rotwein
öl *(s2)*	Bier (allgemein)

Pylsur (heiße Würstchen)

Überall gibt es für den schnellen Hunger heiße Würstchen. Man bekommt sie im **Söluturn,** einer Würstchen- und Süßigkeitenbude, die oft bis spät in die Nacht geöffnet hat und einen Treffpunkt für die Jugendlichen des Ortes darstellt. Auf dem Lande gibt es sie meist bei einer Tankstelle. Ein **Söluvagn** oder **Pylsuvagn** ist dasselbe auf Rädern.

Ég ætla að fá eina / tvær / þrjár með ... *(+ Dat)*
jäG aiHtla að fau äina / tvair / thrjaur mäð ...
ich möchte zu bekommen ein(w,Akk) / zwei(w,Akk) / drei(w,Akk) mit ...
Ich möchte bitte ein / zwei / drei Würstchen mit ...

öllu	*öttlü*	allem
lauk	*löjk*	frischen Zwiebeln
tómatsósu	*toumatsousü*	Ketchup
steiktum lauk	*stäichtüm löjk*	Röstzwiebeln
sinnepi	*sėnnäpė*	Senf

Beliebt ist auch **bland í poka** („Mischung in die Tüte“) von verschiedenen Süßigkeiten, die es neben den Würstchen gibt. Süßigkeiten und Leckereien allgemein heißen **nammi.**

Einkaufen

bakarí *(s2)*	Bäckerei
stórmarkað·ur, -ar, -ir *(m2)*	Großmarkt
vöruhús *(s2)*	Warenhaus
tilboð *(s2)*	Angebot
útsal·a *(Ö! w1)*	Ausverkauf

In den Warenhäusern **(verslun, búð)** kann man auch Lebensmittel erstehen. Im Laden oder an der Theke wendet sich die Bedienung an den Nächsten mit **Get ég aðstoðað?** *(kann ich geholfen)* „Was darf's denn sein?" Meist wird das so verschliffen ausgesprochen, dass es sich wie *getjaastoða(ð)* anhört.

Fleira?
fläira
mehr
Darf's sonst noch etwas sein?

mögliche Antwort

Já, svona ..., takk.
jau svona ... taHk
ja, so-ein ... danke
Ja, so ein ..., bitte.

brauð (Brot)

Die meisten Brotsorten entsprechen unserem Toastbrot. Unserem Brot ähnlicher ist **körfubrauð,** das es in Bäckereien gibt. Mittlerweile gibt es eine größere Auswahl an Brotsorten.

rúgbrauð *(s2)*	Roggenbrot
rúnnstykki *(s3)*	Brötchen

mjólkurvörur – Milchprodukte

jógúrt *(Ez, w3)*	Joghurt
mjólk, -ur *(Ez, w3)*	Milch
léttmjólk	fettarme Milch
nýmjólk	Frischmilch
súrmjólk	Sauermilch
þykkmjólk	Dickmilch
rjóm·i *(Ez, m1)*	Sahne
sýrður rjóm·i	saure Sahne
þeyttur rjóm·i	Schlagsahne
ost·ur, -s, -ar *(m2)*	Käse
smurost·ur *(m2)*	Streichkäse
skyr *(s2)*	Skyr: Aus Molke hergestellt, joghurtartig
smjör *(s2)*	Butter
smjörlíki *(s3)*	Margarine

Sonstiges

ís, -s, -ar *(m3)*	(Speise-)Eis
krydd *(s2)*	Gewürz
hunang *(Ez, s2)*	Honig
kak·a kökur *(Ö! w1)*	Kuchen
sult·a *(w1)*	Marmelade
hveiti *(s3)*	Mehl
salt, sölt *(Ö! s2)*	Salz
sykur *(Ez, s2)*	Zucker

Bank und Post

Die isländische Währung heißt **króna** *(w1)*. Der Euro heißt auf isländisch **evra** *(w1)*, zwei Euro sind **tvær evrur.**

banki – Bank

Ég ætla að fá þrjú hundruð evrum skipt.
jäG aiHtla að fau thrjuhündrüð ävrüm skjėft
ich möchte zu bekommen drei hundert Euro(Dat) gewechselt
Ich möchte € 300 umtauschen.

Hvar er næsti hraðbanki?
kvar är naistė Hraðbaunkjė
wo ist nächste Schnellbank
Wo ist der nächste Geldautomat?

Kortið mitt virkar ekki.
kortėð mėHt vėrkar äHkjė
Karte-die meine funktioniert nicht
Meine Karte funktioniert nicht.

Eitthvað virðist vera í ólagi með hraðbankann.
äiHtkvað vėrðėst vära i oulaijė mäð Hraðbaunkann
etwas scheint zu-sein in Unordnung mit Schnellbank-der
Da scheint etwas mit dem Geldautomaten
nicht in Ordnung zu sein.

hraðbank·i *(m1)*	*Hraðbaunkjė*	Geldautomat
kort *(s2)*	*kort*	Geld- / Bankkarte
kreditkort *(s2)*	*krädėtkort*	Kreditkarte
leyninúmer *(s2)*	*läinėnumär*	PIN

Meldungen des Geldautomaten	
rangt númer!	Falsche Eingabe!
augnablik! tel peninga ...	Augenblick, ich zähle das Geld ...

póstur – Post

Þrjú frímerki fyrir bréf til Þýskalands.
thrju frimärkjė feerir brjäv tėl thiskalands
drei Briefmarken für Brief(Akk) nach Deutschland(Gen)
Drei Briefmarken für einen Brief nach Deutschland.

Þrjú frímerki fyrir bréf / kort til Þýskalands.
thrju frimärkjė feerir brjäv / kort tėl thiskalands
drei Briefmarken für Postkarte(Akk) nach Deutschland(Gen)
Drei Briefmarken für eine Postkarte nach Deutschland.

Kommunikation

Mig vantar símakort fyrir íslenska símkerfið.
mėG vantar simakort feerir iislänska simkjärfėð
mich braucht SIM-Karte für isländisches Telefonnetz
Ich brauche eine SIM-Karte für das isländische Netz.

Mig vantar inneign hjá ...
mėG vantar innäiggn chjau ...
mich braucht Guthaben bei ...
Ich brauche eine Prepaidkarte bei ...

Prepaidkarten heißen **skafkort** (von **skafa** „kratzen, schaben“, weil man die Nummer freirubbelt) und es gibt sie in jedem kleinen Lädchen **(sjoppa).**

Er hér nettenging?
är chjär nėt-tänging
Gibt es hier einen Internetanschluss?

Er hægt að hringja hér?
är haicht að Hring-gja hjär
ist möglich zu telefonieren hier
Kann man hier telefonieren?

senda tölvupóst *(Akk)*	Email verschicken
tölvupóst·ur, -s, -ar *(m2)*	Email
pósthólf *(s2)*	Emailaccount
Netið *(s2)*	das Internet
farsím·i *(m1)*, **gems·i** *(m1)*	Mobiltelefon
nettenging, -ar, -ar *(w2)*	Netzverbindung
tölv·a *(w1)*	Rechner
samband *(s2)*	Verbindung

Digitales Island

Digital gesehen ist Island voll auf der Höhe der Zeit. Zahlungen mit Kreditkarten selbst für kleinste Summen sind selbstverständlich, wie auch der Mobilfunk längst flächendeckend in bester Qualität ausgebaut ist. Filme und Musik werden fast nur mehr gestreamt, die alten Silberscheiben gibt es kaum noch, und der Einkauf über eine **netverslun,** einen Internetshop, ist Alltag.

app, *Mz:* **öpp** *(s2)*	App
netspjall *(s2)*	Chat
rafræn·n, -, -t *(e7)*	digital
lesbretti *(s3)*	E-Book-Reader
snjallkort *(s2)*	elektronische Karte
heilsuúr *(s2)*	Fitnesstracker
handfrjáls *(e5)* **búnað·ur, -ar, -ir** *(m2)*	Freisprechanlage

hleðslutæki *(s3)*	Ladegerät
fartölv·a, -u, -ur *(w1)*	Laptop
ferðahleðsl·a, -u, -ur *(w1)*	Powerbank
snjall-	smart-
SMS-skilaboð *(s2)*	SMS
minniskort *(s2)*	Speicherkarte
spjaldtölv·a, -u, -ur *(w1)*	Tablet
minnislykil·l, -s, -lyklar *(m5)*	USB-Stick

Polizei

Auf der Polizei **(lögreglan)** spricht zwar jeder Englisch. Aber dennoch ist es gut, wenn man sich selbst seines Englisch nicht sicher ist, die wichtigsten Sätze in Isländisch zu haben.

Ég var rændur / rænd.
jäG var raindür / raind
ich war überfallen(m / w)
Ich (m / w) bin überfallen worden.

Get ég talað við þýska sendiráðið?
gjät jäG talað véð thiska sändérauðéð
kann ich gesprochen mit deutscher Botschaft-die
Kann ich bitte mit der deutschen Botschaft sprechen?

Get ég talað við austurríska sendiráðið?
gjät jäG talað véð öjstürriska sändérauðéð
kann ich gesprochen mit österreichischer Botschaft-die
Kann ich bitte mit der österreichischen Botschaft sprechen?

Get ég talað við svissneska sendiráðið?
gjät jäG talað veð svessnäska sänderauðeð
kann ich gesprochen mit schweizerischer Botschaft-die
Kann ich bitte mit der schweizerischen Botschaft sprechen?

Ég týndi ... *(+ Dat)*
jäG tiindė ...
Ich verlor ...

... *(+ Dat)* **var stolið.**
... var stolėð
... wurde gestohlen.

vegabréfinu mínu	*väGabrjävėnü miinü*	mein Pass
ökuskírteininu mínu	*öküskirtäinėnü miinü*	mein Führerschein
peningunum mínum	*päningonüm miinüm*	mein Geld
greiðslukortinu mínu	*gräiðslükortėnü miinü*	meine Kreditkarte

Fotografieren

Geturðu tekið mynd af okkur?
gjätürðu täkjėð mėnd aw oHkür
kannst-du nehmen Bild von uns(Dat)
Kannst du ein Foto von uns machen?

rafhlaða *(w1)*, **batterí** *(s3), m. Art.:* **batteríið**	Batterie
stafræn·n, -, -t *(e4)*	Digital-
ljósmyndavél, -ar, -ar *(w3)*	Fotoapparat
minnislykil·l, -s, -lyklar *(m5)*	Memorystick
minniskort *(s2)*	Speicherchip
kvikmyndavélvél, -ar, -ar *(w3)*	Videokamera

Átt þú minniskort eins og þetta?
auHt thu mènnèskort äins oG thäHta
hast du Speicherkarte wie diese
Hast du so eine Speicherkarte?

Eitt eintak af hverri mynd.
äiHt äintak af kvärrè mènd
Ein Abzug von jedem Bild.

Krank sein

Das Gesundheitssystem ist gut ausgebaut, ebenso wie das Rettungssystem bei Unfällen. Es gibt Krankenversicherungs-Abkommen zwischen der EU und Island. Dennoch muss man Arzt- und Krankenhausbesuche selbst vorstrecken. Hilfe bekommt man im Gesundheitszentrum **(Heilsugæslustöð).**

apótek *(s2)*	*apoutäk*	Apotheke
lækn·ir *(m4)*	*laiHknir*	Arzt
leit og björgun	*läit oG björgün*	Bergungsdienst
slökkvistöð, var, -var *(w3)*	*slöHkvèstöð*	Feuerwehr
sjúkrahús *(s2)*	*sjuukrahuus*	Krankenhaus
sjúkrabíl·l, -s, -ar *(m5)*	*sjuukrabittl*	Krankenwagen
neyðarsím·i *(m1)*	*näiðarsiimè*	Notruf
lögregl·a *(w1)*	*löggräggla*	Polizei
tannlækn·ir, -is, -ar *(m4)*	*tannlaiHknir*	Zahnarzt

Ég finn til hérna.
jäG fènn tèl chjättna
ich fühle zu hier
Ich habe hier Schmerzen.

Mér er illt.
mjär är illt
mir(Dat) ist schlecht
Mir ist schlecht.

Ég er með ...
jäG är mäð ...
ich bin mit ...
Ich habe ... *(+ Akk)*

Mig vantar eitthvað við ...
mėG vantar äiHtkvað vėð ...
mich(Akk) braucht etwas gegen
Ich brauche etwas gegen ...
(+ Dat)

Die folgende Tabelle gibt die Wörter im Akkusativ an. Den Dativ erhält man mit der Endung in Klammern (falls vorhanden); ansonsten ist er mit dem Akkusativ identisch.

niðurgang (-i) *niðürgaung (-jė)*	Durchfall
bólgu *boulgü*	Entzündung
hita *heeta*	Fieber
flensu *flänsü*	Grippe
hálsverk (-i) *haulsvärk (-jė)*	Halsschmerzen
hósta *housta*	Husten
höfuðverk (-i) *hövüðvärk (-jė)*	Kopfschmerzen
kvef (-i) *kväv (-ė)*	Schnupfen
sjóveiki *sjouväikjė*	Seekrankheit
ógleði *ougläðė*	Übelkeit
tannverk (-i) *tannvärk (-jė)*	Zahnschmerzen

Ég skar mig.
jäG skar mėG
ich schnitt mich(Akk)
Ich habe mich geschnitten.

Ég brenndi mig.
jäG bränndė mėG
ich verbrannte mich(Akk)
Ich habe mich verbrannt.

Hann ofkældist.
hann oowkjaildėst
er kühlte-sich-zu-sehr
Er hat Erfrierungen erlitten.

Hún ofkældist.
huun oowkjaildėst
sie kühlte-sich-zu-sehr
Sie hat Erfrierungen erlitten.

bómull *(Ez, w3)*	*boumüttl*	Watte
plástur, -s, plástrar *(A! m3)*	*plaustür*	Pflaster
sárabindi *(s3)*	*saurabėndė*	Wundverband

Da gesundheitliche Themen bekanntlich auch größere, globale Ausmaße annehmen können, hier einige nützliche Ausdrücke.

skrá, -i, -ði, -ð *(v2)* **sig í** *(Akk)*	anmelden, sich zu
smit *(s2)*	Ansteckung
smit·ast, -ast, -aðist, -ast *(v2)* **af** *(Dat)*	anstecken, sich mit
(sótthreinsandi) spritt *(s2)*	Desinfektionsmittel
spritt·a *(v1)*	desinfizieren
grein·ast, -ist, -dist, -st *(v2)* **með** *(Akk)*	Diagnose bekommen
faraldur, -s, faraldrar *(m3)*	Epidemie / Pandemie
bólusett·ur, -, - *(e1)*	geimpft
(tvíbólusettur / þríbólusettur)	(2-fach / 3-fach)
bóluset·ja, -set, -setti, -sett *(v4)*	impfen
bólusetningarskírteini *(s3)*	Impfnachweis
bólusetning, -ar, -ar *(w2)*	Impfung
gjörgæsl·a *(w1)*	Intensivstation
einangrun, -ar *(w5)*	Isolation (streng)
sjúkdóm·ur, -s, -ar *(m2)*	Krankheit (ernster)
lasleik·i *(m1)*	Krankheit (leichter)
grím·a *(w1)*	Maske
neikvæð·ur, -kvæð, -kvætt *(e1)*	negativ
bráðamóttak·a *(w1)*	Notaufnahme
jákvæð·ur, -kvæð, -kvætt *(e1)*	positiv
sýnatak·a *(w1)*	Probenentnahme
sóttkví, -ar *(w3)*	Quarantäne (vorbeugend)
hraðpróf *(s2)*	Schnelltest

einkenni *(Mz, s3)*	Symptom
próf *(s2)*	Test (medizinisch)
afbrigði *(s3)*	Variante
veir·a *(w1)*	Virus

Schimpfen und Fluchen

In einer fremden Sprache sollte man beim Gebrauch von kräftigen Ausdrücken natürlich besonders aufpassen, weil man deren Wirkung und Gewicht nur schwer abschätzen kann. Vieles hängt natürlich auch vom Tonfall und der Miene ab.

Ojbjakk!		Pfui!
Ojbarasta!		Pfui Teufel!
Djöfulsins!	*Teufels-des(Gen)*	Teufel noch mal!
Andskotans!	*Teufels-des(Gen)*	Zum Teufel!
Haltu þér saman!	*halte dir(Dat) zusammen*	Halt den Mund!
Slakaðu á!	*spanne ab*	Komm, reg dich ab!
Almáttugur!	*Allmächtiger*	Um Gottes willen!
Guð minn góður!	*Gott mein guter*	Um Gottes willen!
Asni!		Esel!
Auli!		Dummerchen!
Hálfviti!		Dummkopf!

Alveg frábært!
alväG fraubairt
Ganz ausgezeichnet!

Æðislegt!!
aiðėslächt
Wahnsinn!!

Wörterbuch

Die Pünktchen dienen nur zur Kennzeichnung von Stamm und Endung. Ein einzelner Bindestrich („-") bedeutet, dass es keine weitere Endung gibt, d. h. die Form ist identisch mit dem Wortstamm. Die Abkürzungen „Ez" und „Mz" bedeuten, dass es das Wort nur in der Einzahl bzw. nur in der Mehrzahl gibt.

Für regelmäßige Substantive steht nur die Einzahlform im Nominativ, z. B. **lækn·ir** (m4): Stamm: **lækn-**, Endung: **-ir**, männlich, Beugungsklasse „m4". Bei unregelmäßigen Substantiven ist nach der Einzahlform außerdem der Genitiv Einzahl und der Nominativ Mehrzahl angegeben, z. B. **hval·ur, -s, -ir** (m2): Nominativ Ez: **hvalur** „Wal", Genitiv Ez: **hvals** „eines Wals", Nominativ Mz: **hvalir** „Wale", Beugungsklasse: sonst wie m2.

Wenn bei einem Substantiv nur das grammatische Geschlecht angegeben ist, lässt es sich überhaupt keiner bestimmten Beugungsklasse zuordnen, da es völlig unregelmäßig ist.

Für die schwachen Verben ist die Beugungsklasse (v1 bis v5) angegeben. Sie werden dann wie im Kapitel „Verben" beschrieben gebeugt. Darüber hinaus ist immer das Partizip angegeben, welches man für die Konstruktion mit **geta** („können") braucht.

Sind bei Verben jedoch drei weitere Beugungsendungen angegeben, ist das Verb, abgesehen von der Beugungsklasse, unregelmäßig. Das liest sich dann wie folgt: **hætt·a, -i, -i, -** (Dat v4) Grundform: **hætta** („aufhören"), „ich"-Form Gegenwart: **ég hætti** („ich höre auf"), „ich"-Form Vergangenheit: **ég hætti** („ich hörte auf"), Partizip: **hætt** („aufgehört"); Fall: es folgt der Dativ; Beugungsklasse: v4.

Starke Verben sind in der Tabelle starker Verben aufgelistet. Man erkennt sie am Vermerk (stV). Für Adjektive ist immer die männliche Form Einzahl angegeben (starke Form), die weibliche und sächliche Form (bzw. Endung) ist nur angegeben, wenn sie unregelmäßig sind.

Wörterbuch Deutsch – Isländisch

A

Abend kvöld *(s2)*
aber en
abfahren, abfliegen far·a *(stV)* af stað
abgeben skil·a, -að *(Dat v1)*
abreisen far·a *(stV)* af stað
Abschleppseil dráttartaug·ur *(m2)*
Adresse heimilisfang *(s2)*
Alkohol áfengi *(s3 Ez)*
allein einn, ein, eitt
alles allt
als (Vergleich) heldur en
als (zeitl.) þegar
alt (historisch) forn, forn, fornt *(e5)*
alt gamal·l, gömul *(Ö!)*, gamalt *(e3)*
Alter (Lebens-) aldur *(m3)*
anfangen byrj·a, -að *(v1)*
Angel veiðistöng *(w6)*
Angellizenz veiðileyfi *(s3)*
Angelschnur girni *(s3)*
Angst ótt·i *(m1)*
anhalten stöðv·a, -að *(v1)*
ankommen kom·a *(stV)*
Ankunft kom·a *(w1)*
anmelden tilkynn·a, -i, -ti, -t *(v2)*
Ansiedlung (Ort) bæ·r, -jar, -ir *(m4)*
antworten svar·a, -að *(v1)*
Apotheke apótek *(s2)*
Arbeit starf *(s2)*
arbeiten vinn·a *(stV)*
arm fátæk·ur, -, -t *(e1)*
Arzt lækn·ir *(m4)*
auch líka
auf á *(Dat/Akk)*
Aufenthalt dvöl *(w6)*
aufhören hætt·a, -i, -i, hætt *(Dat v2)*
aufstehen far·a *(stV)* á fætur
aufwachen vakn·a, -að *(v1)*
aus úr *(Dat)*
Ausbruch (Geysir) gos *(s2)*
Ausbruch (Vulkan) eldgos *(s2)*
Ausgang útgang·ur *(m2)*
ausgezeichnet frábær, -, -t *(e5)*
Auskunft upplýsing *(w2)*
Ausland útlönd *(s2 Mz)*
Ausländer útlending·ur *(m2)*
ausländisch erlend·ur, -, erlent *(e1)*
Ausreise brottför *(w6)*
ausruhen, sich hvíl·a, -i, -di, -t sig *(v2)*
Aussprache framburð·ur, -ar, -ir *(m2)*
aussteigen far·a *(stV)* út úr *(Dat)*
Ausweis skilríki *(s3 Mz)*
ausziehen, sich afklæ·ða(st), -ði(st), -ddi(st), -dd(-ðst) *(v2)*

Auto bíl·l *(m5)*
Autoverleih bílaleig·a *(w1)*
Autowerkstatt bílaverkstæði *(s3)*

B

Badeanzug sundbol·ur, -s, -ir *(m2)*
Badehose sundskýl·a *(w1)*
baden (Wanne) bað·a, -að sig *(v1)*
Badezimmer baðherbergi *(s3)*
bald bráðum
Bank (Geld) bank·i *(m1)*
Bank (Sitz-) bekk·ur, -jar, -ir *(m2)*
Bar bar, -s, -ir *(m2)*
Bargeld reiðu·fé, -fjár *(s Ez)*
Batterie rafgeym·ir *(m4)*
bauen bygg·ja, -i, -ði, -t *(v2)*
Bauer bónd·i, -a, bændur *(m)*
beeilen, sich flýt·a, -i, -ti, -t sér *(v2)*
beenden ljúk·a *(stV) (Dat)*
befahrbar fær, fær, fært *(e5)*
Befahrbarkeit færð, -ar, -ir *(w3)*
begegnen, sich hitt·ast, -ist, -ist, hist *(v2)*
begleiten fylg·ja, -i, -di, -t *(v2)*
begrüßen heils·a, -að *(Dat v1)*
behandeln (Krankh.) meðhöndl·a, -að *(v1)*
Behörde yfirvöld *(s2 Mz)*
bei hjá *(Dat)*
Beispiel dæmi *(s3)*
bekanntmachen, sich kynn·a, -i, -ti, -t sig **(v2)**
beleidigen móðg·a, -að *(v1)*
benachrichtigen lát·a *(stV)* vita
Benzin bensín *(s2)*
Berg-/Hochlandtour fjallgang·a *(Ö! w1)*
Beruf atvinn·a *(w1)*
berühmt fræg·ur, -, -t *(e1)*
beschweren, sich kvart·a, -að undan *(Dat v1)*
besichtigen skoð·a, -að *(v1)*
Besitzer eigand·i, -a, eigendur *(m)*
besser (Adv.) betur
bestellen pant·a, -að *(v1)*
Bestellung pöntun, -ar, pantanir *(Ö! w5)*
bestrafen refs·a, -að *(Dat v1)*
Besuch heimsókn, -ar, -ir *(w3)*
besuchen heimsæk·ja (wie: sæk·ja *(stV)*)
Betäubungsspritze deyfing *(w2)*
betrunken ölvað·ur, ölvuð, ölvað *(e6)*
Bett rúm *(s2)*
Bettzeug rúmföt *(s2 Mz)*
bevor áður en
Beweis sönnun, -ar, sannanir *(Ö! w5)*
bezahlen borg·a, -að *(v1)*
Bier bjór *(m3)*
Bild mynd, -ar, -ir *(w3)*
billig ódýr, ódýr, ódýrt *(e5)*
Binde (Damen-) dömubindi *(s3)*
bis (örtl.) til *(Gen)*

bis (zeitl.) þangað til *(Gen)*
bisschen svolítið
Bitte beiðn·i, -i, -ar *(w)*
bitten bið·ja *(stV)*
Blatt blað *(Ö! s2)*
blau blá·r, blá, blátt *(e2)*
bleiben ver·a kyrr
Blinker (Angel) spún·n *(m5)*
Blume blóm *(s2)*
Boot bát·ur *(m2)*
Botschaft (dipl.) sendiráð *(s2)*
Brand eld·ur *(m2)*
Brauch venj·a *(w1)*
brauchen þurf·a *(stV)*
breit breið·ur, -, breitt *(e1)*
brennen brenn·a *(stV)*
Brief bréf *(s2)*
Brille gleraug·u *(s1 Mz)*
bringen kom·a *(stV)* með *(Akk)*
Brot brauð *(s2)*
Brücke brú, -ar, brýr *(w4)*
Bruder bróð·ir, -ur, bræður *(m)*
Buch bók, -ar, bækur *(w4)*
buchen bók·a, -að *(v1)*
Buchstabe bókstaf·ur, -s, -ir *(m2)*
bunt litrík·ur, -, -t *(e1)*
Bürger (Staats-) (ríkis)borgar·i *(m1)*
Büro skrifstof·a *(w1)*
Bus (Stadt-) strætó, -, -ar *(m3)*
Bus (Überland-) rút·a *(w1)*
Busbahnhof umferðamiðstöð, -var, -var *(w3)*
Bushaltestelle viðkomustað·ur, -ar, -ir *(m2)*

C/D

Chef yfirmaður *(m)*
da þá; þar; þarna
Dach þak *(Ö! s2)*
dafür fyrir *(Akk)*
dahinter bak við *(Akk)*
damit (um zu) til þess að
danach þar á eftir
danke! takk fyrir!
danken þakk·a, -að *(v1)*
dann síðan
darum þess vegna
dass að
Datum dagsetning *(w2)*
dauern tak·a *(stV) (Akk)*
Decke (Bett-) rúmteppi *(s3)*
denken hugs·a, -að *(v1)*
Denkmal minnismerki *(s3)*
deshalb þess vegna
deutsch þýsk·ur, -, -t *(e1)*
Deutsche(r) Þjóðverj·i *(m1)*
Deutschland Þýskaland *(s2 Ez)*
dick þykk·ur, -, -t *(e1)*
Diebstahl þjófnað·ur, -ar, -ir *(m2)*
dieses þetta
Ding hlut·ur, -ar, -ir *(m2)*
Dokument(e) skilríki *(s3 Mz)*
Dolmetscher túlk·ur *(m2)*
Dorf bæ·r, -jar, -ir *(m2)*

dort **þar; þarna**
dorthin **þangað**
Dosenöffner **dósaopnar·i** *(m1)*
dringend **áriðandi** *(unv.)*
dumm **heimsk·ur, -, -t** *(e1)*
dunkel **dökk·ur, -, -t** *(e1)*
dünn **þunn·ur, -, -t** *(e1)*
durch (quer) **þvert í gegnum** *(Akk)*
dürfen **meg·a** *(stV)*
durstig sein **ver·a þyrst·ur (m) / ver·a þyrst (w)**
durstig **þyrst·ur, þyrst, þyrst** *(e1)*

E

echt **ekta** *(unv.)*
Ehefrau **eiginkon·a** *(w1)*
Ehemann **eiginmaður** *(m)*
Ehepaar **hjón** *(s2 Mz)*
Ei **egg** *(s2)*
Eigentum **eign, -ar, -ir** *(w3)*
Eimer **fat·a** *(Ö! w1)*
einander **hvorn annan**
Einbruch **innbrot** *(s2)*
einfach **einfald·ur, einföld** *(Ö!),* **einfalt** *(e1)*
Eingang **inngang·ur** *(m2)*
einige **nokkr·ir, -ar, nokkur**
einladen **bjóð·a** *(stV)* **heim** *(Dat)*
Einladung **heimboð** *(s2)*
einmal **einu sinni**
einsteigen, -treten **far·a** *(stV)* **inn í** *(Akk)*
einverstanden **sammála**
einverstanden **sammála** *(unv.)*
Einwohner **íbú·i** *(m1)*
Eis (Speise-) **ís** *(m3)*
Eiter **gröft·ur** *(m6)*
Eltern **foreldr·ar** *(m2 Mz)*
empfangen **tak·a** *(stV)* **á móti** *(Dat)*
empfehlen **mæl·a, -i, -ti, -t með** *(Dat v2)*
Ende **end·ir** *(m4)*
eng **þröng·ur, -, -t** *(e1)*
England **Bretland** *(s2 Ez)*
Engländer(in) **Bret·i** *(m1)*
Englisch **ensk·a** *(w1)*
Enkel(in) **barnabarn, -s, barnabörn** *(Ö! s2)*
entschuldigen, sich **afsak·a, -að** *(v1)*
Erdbeben **jarðskjálft·i** *(m1)*
Erde **jörð** *(w6)*
Erdwärme **jarðhit·i** *(m1)*
Ereignis **atburð·ur, -ar, -ir** *(m2)*
Erfolg **árangur** *(A! m3)*
erhalten **fá** *(stV)*
erholen, sich **ná, næ, náði, náð sér** *(v2)*
erinnern, sich **mun·a eftir** *(Dat)*
erkältet sein **ver·a með kvef**
erklären **útskýr·a, -i, -ði, -t** *(v2)*
erkundigen, sich **fá** *(stV)* **upplýsingar**
erlauben **leyf·a, -i, -ði, -t** *(v2)*
Erlaubnis **leyfi** *(s2)*

Ermäßigung afslátt·ur, -ar, *(m2 Ez)*
Ersatzteil varahlut·i *(m1)*
erzählen seg·ja, -i, sagði, sagt frá *(Dat v3)*
Essen (Mahlzeit) mat·ur, -ar, -ar *(m2)*
essen borð·a, -að *(v1)*
Etage hæð, -ar, -ir *(w3)*
etwa (ungefähr) um það bil
etwas nokkuð

F

Fabrik verksmiðj·a *(w1)*
Fähre ferj·a *(w1)*
fahren (Auto) ak·a *(stV)*
Fahrkarte farmið·i *(m1)*
Fahrplan ferðaáætlun, -ar, ferðaáætlanir *(w5)*
Fahrpreis fargjald, -s, -gjöld *(Ö! s2)*
Fahrrad reiðhjól *(s2)*
Fahrzeug ökutæki *(s3)*
falsch vitlaus, -, -t *(e5)*
Familie fjölskyld·a *(w1)*
Farbe lit·ur, -ar, -ir *(m2)*
faul (Obst) ónýt·ur, -, ónýtt *(e1)*
faul (träge) lat·ur, löt *(Ö!)*, latt *(e1)*
Fehler vill·a *(w1)*
Feier hátíð, -ar, -ir *(w3)*
feiern hald·a *(stV)* hátíðlegt *(Akk)*
Feld (Acker) akur, -s, akrar *(A! m3)*
Feld (Fußball-) völl·ur *(m6)*
Fenster glugg·i *(m1)*
Ferien frí *(s2)*
fern fjarlæg·ur, -, -t *(e1)*
Fernsehgerät sjónvarpstæki *(s3)*
fertig bú·inn, -in, -ið *(e7)*
fest fast·ur, föst *(Ö!)*, fast *(e1)*
Fest hátíð, -ar, -ir *(w3)*
feucht rak·ur, rök *(Ö!)*, rakt *(e1)*
Feuer eld·ur *(m2)*
Feuerzeug kveikjar·i *(m1)*
Fieber hit·i *(m1)*
Film film·a *(w1)*
finden finn·a *(stV)*
Finger fingur, -s, fingur *(m)*
Fisch fisk·ur *(m2)*
fischen veið·a, -i, veiddi, veitt *(v2)*
Flasche flask·a *(Ö! w1)*
Fleisch kjöt *(s2)*
fleißig dugleg·ur, -, -t *(e1)*
Fliege (auch z. Fischen) flug·a *(w1)*
fliegen fljúg·a *(stV)*
flirten daðr·a, -að *(v1)*
Flughafen flugvöll·ur *(m6)*
Flugrückbestätigung staðfesting *(w2)* á flugi tilbaka
Flugticket farseðil·l, -s, -seðlar *(A! m5)*
Flugzeug flugvél, -ar, -ar *(w3)*
Formular eyðublað *(Ö! s2)*
Fotoapparat ljósmyndavél, -ar, -ar *(w3)*
fotografieren tak·a *(stV)* ljósmynd af *(Dat)*
Frage spurning *(w2)*

fragen spyr·ja, spyr, spurði, spurt *(v5)*
Frankreich Frakkland *(s2 Ez)*
Franzose Frakk·i *(m1)*
Französin frönsk kon·a *(w1)*
Französisch fransk·a *(w1)*
Frau kon·a *(w1)*
frei frjáls, -, -t *(e5)*
Freibad útisundlaug, -ar, -ar *(w3)*
fremd (ausländ.) erlend·ur, -, erlent *(e1)*
freuen, sich gleð·jast, -st, gladdist, glaðst *(v5)*
Freund vin·ur, -ar, -ir *(m2)*
Freundin vinkon·a *(w1)*
freundlich vingjarnleg·ur, -, -t *(e1)*
Freundschaft vinátt·a *(w1)*
Frieden frið·ur, -ar *(m2 Ez)*
frieren frjós·a *(stV)*
frisch (Obst) fersk·ur
fröhlich glað·ur, glöð *(Ö!)*, glatt *(e1)*
Frucht ávöxt·ur *(m6)*
früh (Adv.) snemma
Frühling vor *(s2)*
frühstücken borð·a morgunmat
fühlen, sich líð·a *(stV) (Dat)*
Führer leiðsögumaður, -manns, -menn *(m)*
Führung leiðsögn *(w6)*
für fyrir *(Dat/Akk)*
fürchten, sich (vor) ótt·ast, -ast *(Gen v1)*
Fuß fót·ur, -ar, fæt·ur *(m)*

G

Galopp stökk *(s2)*
ganz heil·l, heil, heilt *(e3)*
Garten garð·ur *(m2)*
Gas gas *(Ö! s2)*
Gaskartusche gashylki *(s3)*
Gasse stíg·ur, -s, -ir *(m2)*
Gast gest·ur, -s, -ir *(m2)*
Gastfreundschaft gestrisni *(w Ez)*
Gastgeber gestgjaf·i *(m1)*
Gaststätte veitingahús *(s2)*
Gebäck kaffibrauð *(s2)*
Gebäude bygging *(w2)*
geben gef·a *(stV)*
Gebirge fjallgarð·ur *(m2)*
Gebühr gjald *(Ö! s2)*
Geburtstag afmælisdag·ur *(m2)*
gefährlich hættuleg·ur, -, -t *(e1)*
gefallen: Es gefällt mir! Mér líst vel á það!
Gefühl tilfinning *(w2)*
gegen á móti *(Dat)*
Gegend svæði *(s2)*
gegenüber á móts við *(Akk)*
gehen far·a *(stV)*
Geld pening·ar *(m2 Mz)*
Gemüse grænmeti *(s2)*
gemütlich hugguleg·ur, -, -t *(e1)*; kósí *(unv.)*
genau nákvæm·ur, -, -t *(e1)*
genug nóg *(unv.)*
Gepäck farangur *(A! m3)*

geradeaus beint áfram
gern gjarnan
Geschäft (Laden) verslun, -ar, verslanir *(w5)*
Geschäft (Tätigk.) vinn·a *(w1)*
Geschenk gjöf *(w6)*
Geschichte (Hist./Erzähl.) saga *(Ö! w1)*
Geschwister systkin *(s2 Mz)*
Gesellschaft samfélag, -s, -lög *(Ö! s2)*
Gesetz lög *(s2 Mz)*
Gespräch viðtal *(Ö! s2)*
gestern í gær
gesund (Mensch) heilbrigð·ur, -, heilbrigt *(e1)*
gesund (Nahrung) holl·ur, -, -t *(e1)*
Gesundheit heilbrigði *(w Ez)*
Getränk drykk·ur, -jar, -ir *(m2)*
getrennt (Bad, Bett) aðskil·inn, -in, -ið *(e7)*
Gewicht þyngd, -ar *(w3 Ez)*
Gewitter þrumuveður *(A! s2)*
gewöhnen, sich ven·ja(st), -(st), vandi(st), vanið(st) *(v5)*
Gewürz krydd *(s2)*
Gift eitur *(A! s2)*
Glas (Material) gler *(s2 Ez)*
Glas (Trink-) glas *(Ö! s2)*
glatt hál·l, hál, hált *(e3)*
glauben trú·a, trúi, -ði, -að *(v2)*
Gletscher jökul·l, -s, jöklar *(A! m5)*
Glück haben ver·a hepp·inn *(m)*, ver·a hepp·in *(w)*
glücklich hamingjusam·ur, -söm *(Ö!)*, -samt *(e1)*
glühen gló·a, -i, -ði, -að *(v2)*
Gold gull *(s2 Ez)*
Gott Guð *(m3)*
Gramm gramm *(Ö! s2)*
Gras gras *(Ö! s2)*
gratulieren ósk·a, -að til hamingju *(v1)*
Grenze (Landes-) landamæri *(s3 Mz)*
groß stór, stór, stórt *(e5)*
Größe (Kleidung) stærð, -ar, -ir *(w3)*
Großmutter amm·a *(Ö! w1)*
Großvater af·i *(m1)*
Gruppe hóp·ur *(m2)*
grüßen heils·a, -að *(Dat v1)*
grüßen, sich heils·ast, -ast *(v1)*
gültig gildandi *(unv.)*
gut góð·ur, góð, gott (sächl. unreg.) *(e1)*

H

haben (besitzen) haf·a; eig·a; ver·a með *(Akk)*
Hafen höfn, hafnar, hafnir *(Ö! w6)*
Haken öngul·l, -s, önglar *(A! m5)*
Hälfte helming·ur *(m2)*

Hallenbad sundhöll, -hallar, -hallir *(w6)*
halten hald·a *(stV)*
Haltestelle biðstöð, -var, -var *(w3)*
Handschuh vettling·ur (m2)
Handy, Mobiltelefon gems·i (m1)
hart harð·ur, hörð *(Ö!)*, hart *(e1)*
Haus hús *(s2)*
Hausfrau húsfrú, -ar, -r *(w)*
Hausherr húsbóndi (wie: bóndi)
heben lyft·a, -i, -i, lyft *(v2)*
heiß heit·ur, heit, heitt *(e1)*
helfen hjálp·a, -að *(v1)*
hell ljós, ljós, ljóst *(e5)*
Helm hjálm·ur *(m2)*
Hengst graðhest·ur *(m2)*
Herbst haust *(s2)*
Herr herr·a, -a, -ar *(m)*
herzlich kærleg·ur, -, -t *(e1)*
heute í dag
hier hér; hérna
Hilfe hjálp, -ar, -ir *(w3)*
hinter bak við *(Akk)*
hoch há·r, há, hátt *(e2)*
Hochseeangeln sjóstangaveiði *(w)*
Hochzeit brúðkaup *(s2)*
hoffen von·a, -að *(v1)*
höflich kurteis, -, -t *(e5)*
Holz timbur *(s2)*
hören heyr·a, -i, -ði, -t *(v2)*
Hotel hótel *(s2)*
Huf hóf·ur *(m2)*
Hufeisen skeif·a *(w1)*
hungrig svang·ur, svöng *(Ö!)*, svangt *(e1)*
Hygiene hreinlæti *(s3 Ez)*

I

immer alltaf
in (Ort/Richtung) í *(Dat/Akk)*
in (zeitl.) eftir *(Akk)*
Industrie iðnað·ur, -ar *(m2 Ez)*
Information upplýsingamiðstöð, -var, -var *(w3)*
Insel ey, -jar, -jar *(w3)*
interessant athyglisverð·ur, -verð, -vert *(e1)*
interessieren, sich (für) haf·a áhuga á *(Dat)*
international alþjóðleg·ur, -, -t *(e1)*
Islandpullover lopapeys·a *(w1)*

J

ja já
jagen veið·a, -i, veiddi, veitt *(v2)*
Jahr ár *(s2)*
Jahreszeit árstím·i *(m1)*
jährlich árleg·ur, -, -t *(e1)*
jeder hver
jedes Mal í hvert skipti
Jeep jepp·i *(m1)*
jemand einhver
jene(r, s) hinn, hin, hitt
jetzt núna

Jugendherberge farfuglaheimili *(s3)*
jung ung·ur, -, -t *(e1)*
Junge strák·ur *(m2)*

K

kalt kald·ur, köld *(Ö!)*, kalt *(e1)*
Kanne kann·a *(w1)*
kaputt bil·aður, biluð, bilað *(e6)*
Karte (Eintritts-) mið·i *(m1)*
Kasse gjaldker·i *(m1)*
kaufen kaup·a, -i, keypti, keypt *(v3 unreg.)*
kennen þekk·ja, -i, -ti, -t *(v2)*
Kescher háf·ur *(m2)*
Kind barn *(Ö! s2)*
Kirche kirkj·a *(w1)*
Kleidung klæðnað·ur, -ar, -ir *(m2)*
klein lítil·l, lítil, lítið *(e3)*
klug klár, klár, klárt *(e5)*
Kneipe krá *(w7)*
kochen eld·a, -að *(v1)*
Kocher prímus, -ar, -ar *(m3)*
Kochgelegenheit eldunaraðstað·a *(Ö! w1)*
Koffer ferðatask·a *(Ö! w1)*
kommen kom·a *(stV)*
kompliziert flók·inn, -in, -ið *(e7)*
können get·a *(stV)*; kunn·a að
Konsulat ræðismannsstað·a *(Ö! w1)*
kontrollieren haf·a eftirlit með *(Dat)*
Konzert tónleik·ar *(m2 Mz)*
kosten (Preis) kost·a, -að *(v1)*
kosten (probieren) smakk·a, -að *(v1)*
kostenlos ókeypis *(unv.)*
Kraftwerk orkuver *(s2)*
krank veik·ur, -, -t *(e1)*; las·inn, -in, -ið *(e7)*
Krankenhaus sjúkrahús *(s2)*
Krankheit sjúkdóm·ur *(m2)*
Kreuzung gatnamót *(s2 Mz)*
kühl sval·ur, svöl *(Ö!)*, svalt *(e1)*
Kühlschrank kæliskáp·ur *(m2)*
Kunst list, -ar, -ir *(w3)*
kurz stutt·ur, stutt, stutt *(e1)*
küssen kyss·a, -i, -ti, -t *(v2)*

L

lächeln bros·a, -að *(v1)*
lachen über etwas hlæ·ja, að *(Dat)*
Lage (geogr.) stað·ur, -ar, -ir *(m2)*
Lager (Zelt-) tjaldbúð, -ar, -ir *(w3)*
Laken dúk·ur *(m2)*
Lampe lamp·i *(m1)*
Land land *(Ö! s2)*
Landkarte kort *(s2)*
Landschaft landslag, -s, -lög *(Ö! s2)*
Landwirtschaft landbúnað·ur, -ar, -ir *(m2)*
lang lang·ur, löng *(Ö!)*, langt *(e1)*
langsam hæg·ur, -, -t *(e1)*
langweilig leiðinleg·ur, -, -t *(e1)*

laufen hlaup·a (stV)
laut hávær, -, -t (e5)
Leben líf (s2)
leben lif·a, -i, -ði, -að (v2)
Lebensmittel matvar·a (Ö! w1)
ledig ógift·ur, -, - (e1)
leer tóm·ur, -, -t (e1)
legen legg·ja, legg, lagði, lagt (v5)
lehren kenn·a, -i, -di, -t (v2)
Lehrer(in) kennar·i (m1)
leicht (n. schwer) létt·ur, létt, létt (e1)
leicht (n. schwierig) auðveld·ur, -, -velt (e1)
leihen, sich leig·ja, -i, -ði, -t sér (v2)
lernen lær·a, -i, -ði, -t (v2)
lesen les·a (stV)
Leute fólk (s2)
Licht ljós (s2)
lieben elsk·a, -að (v1)
Lied sönglag, -s, sönglög (Ö! s2)
liegen ligg·ja (stV)
links vinstra megin
Loch hol·a (w1)
Lohn (Gehalt) kaup (s2)
lügen ljúg·a (stV)
lustig skemmtileg·ur

M

machen (tun) ger·a, -i, -ði, -t (v2)
Mädchen stúlk·a (w1)
malen mál·a, -að (v1)
man maður
manchmal stundum
Mann karlmaður (m)
Markt markað·ur, -ar, -ir (m2)
Medikament lyf (s2)
Meer haf (Ö! s2)
mehr meira
Meldung tilkynning (w2)
Menge (Quantität) magn (Ö! s2)
Mensch maður, manns, menn (m)
merken, sich legg·ja á minnið
mieten leig·ja, -i, -ði, -t (v2)
Milch mjólk, -ur (w3 Ez)
Minute mínút·a (w1)
mit með (Dat)
Mittag essen borð·a hádegismat
Mittag hádegi (s3)
mitteilen gef·a (stV) til kynna
Mode tísk·a (w1)
möglich möguleg·ur, -, -t (e1)
Monat mánuð·ur, mánaðar, -ir (m2)
morgen á morgun
Morgen morgun·n, -s, -gnar (A! m5)
Motor vél, -ar, -ar (w3)
Motorrad bifhjól (s2)
müde þreytt·ur, þreytt, þreytt (e1)
Müll rusl (s2 Ez)
Museum safn (Ö! s2)
Musik tónlist, -ar, -ir (w3)
müssen þurf·a (stV)
Muster munstur (munstr·ið A! s2)
Mutter móðir, móður, mæður (w)

N

nach (Richtung) til *(Gen)*
nach (zeitl.) eftir *(Dat)*
Nachmittag eftir hádegi
Nachricht frétt, -ar, -ir *(w3)*
nächstes Mal í næsta skipti
Nacht nótt, nætur, nætur *(w)*
nackt nak·inn, -in, -ið *(e7)*
Nadel nál, -ar, -ar *(w3)*
nahe (gelegen) nálæg·ur, -, -t *(e1)*
Name nafn *(Ö! s2)*
nass blaut·ur, -, blautt *(e1)*
Nationalität þjóðerni *(s3)*
Natur náttúr·a *(w1)*
natürlich (n. künstlich) náttúru-leg·ur, -, -t *(e1)*
neben við hliðina á *(Dat)*
nehmen tak·a *(stV)*
nein nei
neu ný·r, ný, nýtt *(e2)*
neugierig forvitnileg·ur, -, -t *(e1)*
nicht ekki
nichts ekkert
niedrig lág·ur, -, -t *(e1)*
niemals aldrei
niemand enginn
nirgendwo(hin) hvergi
noch einmal aftur einu sinni
noch ennþá
Norden norður *(A! s2 Ez)*
nordisch norræn·n, -, -t *(e4)*
normal eðlileg·ur, -, -t *(e1)*
notwendig nauðsýnleg·ur, -, -t *(e1)*
Nummer númer *(s2)*
nur bara
Nuss hnot, -ar, hnetur *(w4)*
nutzen (be-) not·a, -að *(v1)*

O

ob hvort
oben uppi
Obst ávext·ir *(m6 Mz)*
oder eða
öffnen opn·a, -að *(v1)*
oft oft
ohne án *(Gen)*
Öl olí·a *(w1)*
Onkel (mütterl.) móðurbróðir *(m)*
Onkel (väterl.) föðurbróðir *(m)*
Organ líffæri *(s3)*
organisieren skipulegg·ja (wie: legg·ja)
Orkan rok *(s2)*
Ort stað·ur, -ar, -ir *(m2)*
Osten austur *(A! s2 Ez)*
Österreich Austurríki *(s3 Ez)*
Österreicher(in) Austurríkismaður *(m)*

P

paar nokkr·ir, -ar, nokkur
Paar par *(Ö! s2)*
Panne bilun, -ar, bilanir *(w5)*

Papier pappír *(m3)*
parken (Wagen) legg·ja bílnum
Pass vegabréf *(s2)*
Patient sjúkling·ur *(m2)*
Pause hlé *(s2)*
Person persón·a *(w1)*
Pferdeverleih hestaleig·a *(w1)*
Pflanze plant·a *(Ö! w1)*
Plan skipulagning *(w2)*
Platz pláss *(s2)*
plötzlich allt í einu
Politik stjórnmál *(s2 Mz)*
Polizei lögregl·a *(w1)*
Post(amt) póst·ur *(m2)*
Preis verð *(s2)*
privat einka *(unv.)*
Problem vandamál *(s2)*
Programm dagskrá *(w7)*
Prospekt bækling·ur *(m2)*
Pub pöbb, -s, -ar *(m2)*
pünktlich stundvís, -, -t *(e5)*

Q/R

Qualität gæði *(s3 Mz)*
Radio útvarpstæki *(s3)*
Rat ráð *(s2)*
rauchen reyk·ja, -i, -ti, -t *(v2)*
Raum rúm *(s2)*
rechnen reikn·a, -að *(v1)*
Rechnung reikning·ur *(m2)*
Recht réttindi *(s2)*
rechts hægra megin
reden tal·a, -að *(v1)*
Regen rigning *(w2 Ez)*
Regenschirm regnhlíf, -ar, -ar *(w3)*
registrieren skrá, -i, -ði, -ð *(v2)*
reich rík·ur
reif (Obst; Person) þroskað·ur, -kuð, -kað
Reifen dekk *(s2)*
Reise ferð, -ar, -ir *(w3)*
reisen ferð·ast, -ast *(v1)*
reiten ríð·a
Reitgerte svip·a *(w1)*
Reittour reiðtúr *(m3)*
rennen hlaup·a *(stV)*
reparieren ger·a *(stV)* við *(Akk)*
Reserverad varahjól *(s2)*
reservieren pant·a, -að *(v1)*
Restaurant veitingahús *(s2)*
Rettungswagen sjúkrabíl·l *(m5)*
richtig rétt·ur, rétt, rétt *(e1)*
Richtung átt, -ar, -ir *(w3)*
roh hrá·r, hrá, hrátt *(e2)*
Rückfahrt heimferð, -ar, -ir *(w3)*
Rucksack bakpok·i *(m1)*
rückständig gamaldags *(unv.)*
rufen (schreien) hróp·a, -að *(v1)*
Ruhe ró *(w7)*
ruhig róleg·ur, -, -t *(e1)*

S

Sache hlut·ur, -ar, -ir *(m2)*
sagen seg·ja, -i, sagði, sagt *(Dat v3)*

Salbe áburð·ur, -ar, -ir *(m2)*
Salz salt *(Ö! s2)*
sammeln safn·a, -að *(Dat v1)*
Sandsturm sandfok *(s2)*
satt sadd·ur, södd, satt *(e1)*
Sattel hnakk·ur *(m2)*
sauber hrein·n, hrein, hreint *(e4)*
säubern hreins·a, -að *(v1)*
sauer (Essen, Laune) súr, súr, súrt *(e5)*
Schallplatte hljómplat·a *(Ö! w1)*
scharf (Essen) sterk·ur, -, -t *(e1)*
scharf (Messer) hvass, hvöss *(Ö!)*, hvasst *(e5)*
Scheck tékk·i *(m1)*
schenken gef·a *(stV)*
Schere skæri *(s3 Mz)*
schicken (senden) send·a, -i, -i, -t *(v2)*
schießen skjót·a *(stV)*
Schiff skip *(s2)*
schlafen sof·a
Schlafzimmer svefnherbergi *(s3)*
schlagen ber·ja, ber, barði, barið *(v5)*
schlecht vond·ur, vond, vont *(e1)*; **mir ist schlecht** mér er flökurt
Schloss (Tür-) lás *(m3)*
Schlüssel lykil·l, -s, lyklar *(A! m5)*
schmackhaft ljúffeng·ur, -, -t *(e1)*
Schmerz verk·ur, -jar, -ir *(m2)*
schmerzen: Es schmerzt. Ég finn til.
Schmuck skraut *(s2)*
schmutzig skítug·ur, -, -t *(e1)*
Schnaps brennivín *(s2 Ez)*
schnell fljót·ur, fljót, fljótt *(e1)*
schön fagur, fögur *(Ö!)*, fagurt *(e5)*
schon þegar
schreiben skrif·a, -að *(v1)*
Schuh skó·r, -s, skór *(m unreg.)*
schuldig sek·ur, -, -t *(e1)*
Schule skól·i *(m1)*
schwanger ófrísk (nur w.) *(e1)*
Schweiz Sviss *(s2 Ez)*
Schweizer(in) Svisslending·ur *(m2)*
schwer þung·ur, -, -t *(e1)*
Schwester systir, systur, systur *(w)*
schwierig erfið·ur, erfið, erfitt *(e1)*
schwimmen gehen far·a *(stV)* í sund
schwimmen synd·a, -i, synti, synt *(v2)*
schwitzen svitn·a, -að *(v1)*
See (der) vatn *(Ö! s2)*
See (die) sjó·r, sjávar *(m2 Ez)*
sehen sjá *(stV)*
sehen, sich sjá·st
Sehenswürdigkeit minnismerki *(s3)*
Seife sáp·a *(w1)*
Seil reipi *(s3)*
sein ver·a
seit síðan
Seite (Richtung) átt, -ar, -ir *(w3)*
Sekunde sekúnd·a *(w1)*
selbst sjálf·ur, sjálf, sjálft *(e1)*
Selbstbeteiligung sjálfsábyrgð *(w3)*

selten sjaldan
setzen, sich set·jast, -ist, -tist, sest *(v3)*
sicher örugg·ur, -, -t *(e1)*
Sicherheitsgurt öryggisbelti *(s3)*
Silber silfur *(s2 Ez)*
singen syng·ja *(stV)*
sitzen (passen) pass·a, -að *(v1)*
sitzen sit·ja *(stV)*
so svona
sofort strax
Sohn son·ur, -ar, synir *(m2)*
solch(e, -er, -es) svoleiðis *(unv.)*
sollen eig·a að
Sommer sumar, -s, sumur *(s2)*
Sonne sól, -ar, -ir *(w3)*
sparen spar·a, -að *(v1)*
Spaß machen ver·a gaman
spät sein·n, sein, seint *(e4)*
spazierengehen fá sér göngutúr
Speisekarte matseðil·l, -s, -seðlar *(A! m5)*
spielen leik·a *(stV)* sér
Sport íþrótt, -ar, -ir *(w3)*
Sprache tungumál *(s2)*
sprechen tal·a, -að *(v1)*
spritzen (Med.) spraut·a, -að *(v1)*
Staatsangehörigkeit þjóðerni *(s3)*
Stadt borg, -ar, -ir *(w3)*
stark sterk·ur, -, -t *(e1)*
Steckdose tengil·l, -s, tenglar *(A! m5)*
stehen stand·a *(stV)*
Steigbügel ístað *(s2)*
Stein stein·n *(m2)*
Stelle (Ort) stað·ur, -ar, -ir *(m2)*
stellen set·ja, set, setti, sett *(v4)*
sterben dey·ja *(stV)*
Stimme rödd, raddar, raddir *(w6)*
Stoff efni *(s3)*
stören trufl·a, -að *(v1)*
Strafe refsing *(w2)*
Strand strönd, strandar, strandir *(w6)*
Straße gat·a *(Ö! w1)*
Streichhölzer eldspýt·a *(w1)*
streiten, sich rífa·st *(stV)*
Stück hlut·i *(m1)*
Stuhl stól·l *(m5)*
Stunde klukkustund, -ar, -ir *(w3)*
Stute hryss·a *(w1)*
suchen leit·a, -að að *(Dat v1)*
Süden (Richtung) suður *(A! s2 Ez)*
Summe upphæð, -ar, -ir *(w3)*
Suppe súp·a *(w1)*
süß sæt·ur, sæt, sætt *(e1)*

T

Tabak tóbak *(s2 Ez)*
Tablette tafl·a *(Ö! w1)*
Tag dag·ur *(m2)*
täglich dagleg·ur, -, -t *(e1)*
Tankstelle bensínstöð, -var, -var *(w3)*
Tante (mütterl.) móðursystir *(w)*

Tante (väterl.) föðursystir *(w)*
tanzen dans·a, -að *(v1)*
Tasche task·a *(Ö! w1)*
Taxi leigubíl·l *(m5)*
Telefon sím·i *(m1)*
telefonieren hring·ja, -i, -di, -t *(v3)*
teuer (Preis) dýr, dýr, dýrt *(e5)*
tief djúp·ur, -, -t *(e1)*
Tier dýr *(s2)*
Tisch borð *(s2)*
Tochter dótt·ir, dóttur, dætur *(w)*
Tod dauð·i *(m1)*
Toilette salerni *(s3)*
toll! flott! *(unv.)*
tot dauð·ur, dauð, dautt *(e1)*
töten drep·a *(stV)*
Trab brokk *(s2 Ez)*
Tradition hefð, -ar, -ir *(w3)*
tragen ber·a *(stV)*
traurig dapur, döpur *(Ö!)*, dapurt *(e5)*
treffen (begegnen) hitt·a, -i, -i, hitt *(v2)*
Treppe stig·i *(m1)*
trinken drekk·a
trocken þurr, þurr, þurrt *(e5)*
tschüss! bless!
tun ger·a, -i, -ði, -t *(v2)*
Tür hurð, -ar, -ir *(w3)*
Turm turn *(m3)*

U

üben æf·a, -i, -ði, -t *(v2)*
über (örtl.) yfir *(Dat/Akk)*
über (zeitl.) í *(Akk)*
überall allstaðar
übermorgen hinn daginn
übersetzen (Sprache) þýð·a, -i, þýddi, þýtt *(v2)*
Übersetzer þýðand·i, -a, þýðendur *(m)*
Überweisung (Bank) ávísun, -ar, ávísanir *(w5)*
übrig sein ver·a eftir
Uhr úr *(s2)*
um zu til þess að
um um *(Akk)*
Umgebung umhverfi *(s2)*
Umleitung hjáleið *(w3)*
umtauschen skipt·a, -i, -i, skipt *(Akk v2)*
Umweg krók·ur *(m2)*
Umwelt umhverfi *(s2 Ez)*
unbekannt óþekkt·ur, óþekkt, óþekkt *(e1)*
und og
Unfall slys *(s2)*
unten niðri
unter undir *(Dat/Akk)*
unterhalten, sich spjall·a, -að *(v1)*
Unterkunft húsnæði *(s2)*
unterrichten kenn·a, -i, -di, -t *(v2)*
unterschreiben skrif·a, -að undir *(v1)*
Urlaub frí *(s2)*

V

Valuta (Devisen) erlend mynt, -ar, -ar *(w3)*
Vater faðir, föður, feður *(m)*
Ventil ventil·l, -s, ventlar *(A! m5)*
verabreden, sich bind·a fastmælum
Verabredung fastmæli *(s3 Mz)*
verabschieden, sich kveð·jast, -st, kvaddist, kvaðst *(v5)*
Verbandskasten sáraum-búðakass·i *(m1)*
verboten bannað·ur, bönnuð *(Ö!)*, bannað *(e6)*
Verbrechen glæp·ur, -s, -ir *(m2)*
verdienen vinn·a *(stV)* sér inn
vergessen gleym·a, -i, -di, -t *(Dat v2)*
vergnügen, sich skemmt·a, -i, -i, skemmt sér *(v2)*
verirren, sich vill·ast, -ast *(v2)*
verkaufen sel·ja, sel, seldi, selt *(v4)*
verleihen lán·a, -að *(Dat v1)*
verletzt meidd·ur, meidd, meitt *(e1)*
Verletzung meiðsl *(s2)*
verlieben, sich ver·a ástfang·inn, -in af *(Dat)*
verlieren (Dinge) týn·a, -i, -di, -t *(Dat v2)*
vermieten leig·ja, -i, -ði, -t *(v2)*
verschiedene (Mz.) ýms·ir, -ar, ýmis *(e5)*
Versicherung trygging *(w2)*
verspäten, sich ver·a sein·n/sein/seint *(m/w/s)*
versprechen, sich tal·a *(stV)* vitlaust
verstehen skil·ja, skil, skildi, skilið *(v4)*
verstorben dá·inn, -in, -ið *(e7)*
versuchen reyn·a, -i, -di, -t *(v2)*
viel mikil·l, mikil, mikið *(e3)*
viele (Mz.) marg·ir, margar, mörg *(Ö!) (e1)*
viele marg·ir, -ar, mörg *(Ö! Mz)*
vielleicht kannski
Vogel fugl *(m3)*
Volk þjóð, -ar, -ir *(w3)*
voll full·ur, -, -t *(e1)*
von (Ort) frá *(Dat)*
vor fyrir *(Dat)*
vorbereiten undirbú·a (wie: bú·a *(stV)*)
vorher áður
Vormittag fyrir hádegi
Vorname fornafn *(Ö! s2)*
vorschlagen legg·ja *(stV)* til
Vorsicht varúð, -ar *(w3 Ez)*
vorstellen (jmd.) kynn·a, -i, -ti, -t *(v2)*
vorstellen, sich kynn·ast, -ist, -tist, -st *(v2)*
Vulkan eldfjall *(Ö! s2)*

W

wahr sann·ur, sönn *(Ö!)*, satt (sächl. unreg.) *(e1)*
während á meðan
Wal hval·ur, -s, -ir *(m2)*
Wand vegg·ur, -jar, -ir *(m2)*
wandern ver·a á gönguferð
Ware var·a *(Ö! w1)*
warm (nur Wasser) volg·ur, -, -t *(e1)*
warm hlý·r, hlý, hlýtt *(e2)*
warten bíð·a
Waschbecken vask·ur *(m2)*
waschen þvo, þvæ, þvoði, þvegið
Wasser vatn *(Ö! s2 Ez)*
Wasserhahn vatnskran·i *(m1)*
Watte bómull, -ar *(w3 Ez)*
wechseln skipt·a, -i, -i, skipt um *(Akk v2)*
wecken vek·ja, vek, vakti, vakið *(v5)*
Weg veg·ur, -ar, -ir *(m2)*
wegen vegna *(Gen)*
weiblich kvenkyns *(unv.)*
weil því
weinen grát·a *(stV)*
weit langt
wenig lítið
wenn (als) þegar
wenn (falls) ef
werden verð·a
Werkstatt verkstæði *(s3)*
Westen vestur *(A! s2 Ez)*
Wetter veður *(A! s2 Ez)*
Wettervorhersage veðurspá *(w7)*
wichtig mikilvæg·ur, -, -t *(e1)*
wie (Vergl.) eins og
wieder aftur
wiederholen endurtak·a (wie: tak·a *(stV)*)
Wind vind·ur, -ar, -ar *(m2)*
Winter vetur, vetrar, vetur *(m)*
Winterstraße vetrarveg·ur, -ar, -ir *(m2)*
wissen vit·a *(stV)*
Woche vik·a *(w1)*
wohnen bú·a *(stV)*
Wohnung íbúð, -ar, -ir *(w3)*
wollen ætl·a, -að *(v1)*
Wort orð *(s2)*
Wörterbuch orðabók, -ar, -bækur *(w4)*
Wunde sár *(s2)*
wünschen ósk·a, -að *(Gen v1)*
Wurm maðk·ur *(m2)*

Z

zahlen borg·a, -að *(v1)*
Zahnarzt tannlækn·ir *(m4)*
Zahnpasta tannsáp·a *(w1)*
Zaumzeug beisli *(s3)*
zeigen sýn·a, -i, -di, -t *(v2)*
Zeit tím·i *(m1)*
Zeitung dagblað, -s, dagblöð *(Ö! s2)*

Zeltplatz tjaldstæði *(s3)*
Zentrum miðj·a *(w1)*
Zigarette sígarett·a *(w1)*
Zimmer herbergi *(s3)*
Zoll toll·ur *(m2)*
zu (nach) til *(Gen)*
zu Fuß fótgangandi
zufrieden ánægð·ur, ánægð, ánægt *(e1)*
Zügel taum·ur *(m2)*
zurück til baka
zusammen saman
zuviel of mikið
zwischen á milli *(Gen)*

Wörterbuch Isländisch – Deutsch

Isländische alphabetische Reihenfolge:

a á b d ð e é f g h i í j k l m n o ó p r s t u ú v x y ý þ æ ö

A

að **dass**
aðskili·nn, -n, -ð **getrennt (Bad, Bett)**
af·i *(m1)* **Großvater**
afklæ·ða(st), -ði(st), -ddi(st), -dd(-ðst) *(v2)* **ausziehen, sich**
afmælisdag·ur *(m2)* **Geburtstag**
afsak·a, -að *(v1)* **entschuldigen, sich**
afslátt·ur, -ar *(m2 Ez)* **Ermäßigung**
aftur **wieder**
aftur einu sinni **noch einmal**
ak·a **fahren (Auto)**
akur, -s, akrar *(A! m3)* **Feld (Acker)**
aldrei **niemals**
aldur *(m3)* **(Lebens-)Alter**
allstaðar **überall**
allt **alles**
alltaf **immer**
allt í einu **plötzlich**
alþjóðleg·ur **international**
amm·a *(Ö! w1)* **Großmutter**
apótek *(s2)* **Apotheke**
atburð·ur, -ar, -ir *(m2)* **Ereignis**
athyglisverð·ur, -, -vert **interessant**
atvinn·a *(w1)* **Beruf**
auðveld·ur, -, -velt **leicht (nicht schwierig)**
Austurríki *(s3 Ez)* **Österreich**
Austurríkismaður *(m)* **Österreicher(in)**
austur *(A! s2 Ez)* **Osten**

Á

á *(Dat/Akk)* **an, auf**
áburð·ur, -ar, -ir *(m2)* **Salbe**
áður **vorher**
áður en **bevor**
áfengi *(s3 Ez)* **Alkohol**
á meðan **während**
á milli *(Gen)* **zwischen**
á morgun **morgen**
á móti *(Dat)* **gegen**
á móts við *(Akk)* **gegenüber**
án *(Gen)* **ohne**
ánægð·ur **zufrieden**
árangur *(A! m3)* **Erfolg**
áríðandi **dringend**
árleg·ur **jährlich**
ár *(s2)* **Jahr**
árstím·i *(m1)* **Jahreszeit**
átt, -ar, -ir *(w3)* **Seite, Richtung**
ávextir *(m6 Mz)* **Obst**
ávísun, -ar, ávísanir *(w5)* **Überweisung (Bank)**
ávöxt·ur *(m6)* **Frucht**

B

bað·a, -að sig *(v1)* **baden (Wanne)**
baðherbergi *(s3)* **Badezimmer**
bakpok·i *(m1)* **Rucksack**
bak við *(Akk)* **(da)hinter**
bank·i *(m1)* **Bank (Geld)**
bannað·ur, bönnuð *(Ö!)*, bannað **verboten**
bar, -s, -ir *(m2)* **Bar**
bara **nur**
barn *(Ö! s2)* **Kind**
barnabarn, -s, -börn *(Ö! s2)* **Enkel(in)**
bát·ur *(m2)* **Boot**
bækling·ur *(m2)* **Prospekt**
bæ·r, -jar, -ir *(m4)* **Ansiedlung, Dorf**
beiðn·i, -i, -ar *(w)* **Bitte**
beint áfram **geradeaus**
beisli *(s3)* **Zaumzeug**
bekk·ur, -jar, -ir *(m2)* **(Sitz-)Bank**
bensín *(s2)* **Benzin**
bensínstöð, -var, -var *(w3)* **Tankstelle**
ber·a **tragen**
ber·ja, ber, barði, barið *(v5)* **schlagen**
betur **besser (Adv.)**
bið·ja **bitten**
biðstöð, -var, -var *(w3)* **Haltestelle**
bifhjól *(s2)* **Motorrad**
bilun, -ar, bilan·ir *(w5)* **Panne**
bind·a fastmælum **verabreden, sich**
bíð·a **warten**
bil·aður, -uð, -að **kaputt**
bílaleig·a *(w1)* **Autoverleih**
bílaverkstæði *(s3)* **Autowerkstatt**
bíl·l *(m5)* **Auto**
bjóð·a heim *(Dat)* **einladen**
bjór *(m3)* **Bier**
blað *(Ö! s2)* **Blatt**

blaut·ur nass
blá·r blau
blóm *(s2)* Blume
borð *(s2)* Tisch
borð·a, -að *(v1)* essen
borð·a hádegismat Mittag essen
borð·a morgunmat frühstücken
borg, -ar, -ir *(w3)* Stadt
borg·a, -að *(v1)* (be)zahlen
bók, -ar, bækur *(w4)* Buch
bók·a, -að *(v1)* buchen
bókstaf·ur, -s, -ir *(m2)* Buchstabe
bómull, -ar *(w3 Ez)* Watte
bónd·i, -a, bændur *(m)* Bauer
brauð *(s2)* Brot
bráðum bald
breið·ur, breið, breitt breit
brenn·a brennen
brennivín *(s2 Ez)* Schnaps
Bret·i *(m1)* Engländer(in)
Bretland *(s2 Ez)* England
bréf *(s2)* Brief
bros·a, -að *(v1)* lächeln
brottför *(w6)* Ausreise
bróð·ir, bróður, bræð·ur *(m)* Bruder
brokk *(s2 Ez)* Trab
brú, -ar, brýr *(w4)* Brücke
brúðkaup *(s2)* Hochzeit
bú·a wohnen
búi·nn, -n, -ð fertig
bygging *(w2)* Gebäude
bygg·ja, -i, -ði, -t *(v2)* bauen
byrj·a, -að *(v1)* anfangen

D

daðr·a, -að *(v1)* flirten
dagblað, -s, dagblöð *(Ö! s2)* Zeitung
dagleg·ur täglich
dagsetning *(w2)* Datum
dagskrá *(w7)* Programm
dag·ur *(m2)* Tag
dans·a, -að *(v1)* tanzen
dapur, döpur *(Ö!)*, dapurt traurig
dauð·i *(m1)* Tod
dá·inn, -in, -ið tot
dæmi *(s3)* Beispiel
dekk *(s2)* Reifen
deyfing *(w2)* Betäubungsspritze
dey·ja sterben
djúp·ur tief
dótt·ir, dóttur, dætur *(w)* Tochter
drag·a abschleppen
dráttartaug·ur *(m2)* Abschleppseil
drekk·a trinken
drep·a töten
drykk·ur, -jar, -ir *(m2)* Getränk
dugleg·ur fleißig
dúk·ur *(m2)* Laken
dvöl *(w6)* Aufenthalt
dýr teuer (Preis)
dýr *(s2)* Tier
dökk·ur dunkel
dömubindi *(s3)* Damenbinde

E

eða **oder**
eðlileg·ur **normal**
ef **wenn, falls**
efni *(s3)* Stoff
eftir *(Dat)* nach (zeitl.)
eftir *(Akk)* in (zeitl.)
eftir hádegi **Nachmittag**
egg *(s2)* Ei
eig·a **haben, besitzen**
eig·a að **sollen**
eigand·i, -a, eigendur *(m)* Besitzer
eiginkon·a *(w1)* Ehefrau
eiginmaður *(m)* Ehemann
eign, -ar, -ir *(w3)* Eigentum
einfald·ur, -föld *(Ö!)*, -falt einfach
einhver **jemand**
einka **privat**
einn, ein, eitt **allein**
eins og **wie (Vergl.)**
einu sinni **einmal**
eitur *(A! s2)* Gift
ekkert **nichts**
ekki **nicht**
ekta *(unv.)* echt
eld·a, -að *(v1)* kochen
eldfjall *(Ö! s2)* Vulkan
eldgos *(s2)* Ausbruch (Vulkan-)
eldspýt·a *(w1)* Streichhölzer
eldunaraðstað·a *(Ö! w1)* Kochgelegenheit
eld·ur *(m2)* Brand, Feuer
elsk·a, -að *(v1)* lieben
en **aber**
end·ir *(m4)* Ende
endurtak·a *(wie: tak·a)* wiederholen
enginn **niemand**
ennþá **noch**
ensk·a *(w1)* Englisch
erfið·ur, -, erfitt **schwierig**
erlend mynt, -ar, -ar *(w3)* Valuta (Devisen)
erlend·ur, -, erlent **fremd; ausländisch**
eyðublað *(Ö! s2)* Formular
ey, -jar, -jar *(w3)* Insel

F

faðir, föður, feður *(m)* Vater
fagur, fögur *(Ö!)*, -t schön
far·a **gehen**
far·a af stað **abreisen, abfliegen, abfahren**
far·a á fætur **aufstehen**
far·a inn í *(Akk)* eintreten, einsteigen
far·a í sund **schwimmen gehen**
farangur *(A! m3)* Gepäck
far·a út úr *(Dat)* aussteigen
farfuglaheimili *(s3)* Jugendherberge
fargjald, -s, -gjöld *(Ö! s2)* Fahrpreis
farmið·i *(m1)* Fahrkarte

farseðil·l, -s, -seðlar *(A! m5)* **Flugticket**
fastmæli *(s3 Mz)* **Verabredung**
fast·ur, föst *(Ö!)*, fast **fest**
fat·a *(Ö! w1)* **Eimer**
fá **erhalten**
fá sér göngutúr **spazierengehen**
fátæk·ur **arm**
fá upplýsingar **erkundigen, sich**
ferðaáætlun, -ar, -ir *(w5)* **Fahrplan**
ferð, -ar, -ir *(w3)* **Reise**
ferð·ast, -ast *(v1)* **reisen**
ferðatask·a *(Ö! w1)* **Koffer**
ferj·a *(w1)* **Fähre**
fersk·ur **frisch (Obst)**
film·a *(w1)* **Film**
fingur, -s, fingur *(m)* **Finger**
finn·a **finden**
fisk·ur *(m2)* **Fisch**
fjallgang·a *(Ö! w1)* **Berg- / Hochlandtour**
fjallgarð·ur *(m2)* **Gebirge**
fjarlæg·ur **fern**
fjölskyld·a *(w1)* **Familie**
flask·a *(Ö! w1)* **Flasche**
fljót·ur **schnell**
fljúg·a **fliegen**
flók·inn, -in, -ið **kompliziert**
flug·a *(w1)* **Fliege (auch zum Fischen)**
flugvél, -ar, -ar *(w3)* **Flugzeug**
flugvöll·ur *(m6)* **Flughafen**
flýt·a, -i, -ti, -t sér *(v2)* **beeilen, sich**
foreldr·ar *(m2 Mz)* **Eltern**
fornafn *(Ö! s2)* **Vorname**
forvitnileg·ur **neugierig**
fólk *(s2)* **Leute**
fótgangandi **zu Fuß**
fót·ur, -ar, fæt·ur *(m)* **Fuß**
Frakk·i *(m1)* **Franzose, Französin**
Frakkland *(s2 Ez)* **Frankreich**
framburð·ur, -ar, -ir *(m2)* **Aussprache**
fransk·a *(w1)* **Französisch (Sprache)**
frá *(Dat)* **von (Ort)**
frábær **ausgezeichnet**
frétt, -ar, -ir *(w3)* **Nachricht**
frið·ur, -ar *(m2 Ez)* **Frieden**
frí *(s2)* **Ferien, Urlaub**
frjáls **frei**
frjós·a **gefrieren**
fræg·ur **berühmt**
fugl *(m3)* **Vogel**
full·ur **voll**
fylg·ja, -i, -di, -t *(v2)* **begleiten**
fyrir *(Dat)* **vor**
fyrir *(Dat/Akk)* **für**
fyrir *(Akk)* **dafür**
fyrir hádegi **Vormittag**
fær **befahrbar**
færð, -ar, -ir *(w3)* **Befahrbarkeit**
föðurbróðir *(m)* **Onkel (väterl.)**
föðursystir *(w)* **Tante (väterl.)**

G

gamaldags rückständig
gamal·l, gömul *(Ö!)*, gamalt alt (nicht neu)
garð·ur *(m2)* Garten
gas *(Ö! s2)* Gas
gashylki *(s3)* Gaskartusche
gat·a *(Ö! w1)* Straße
gatnamót *(s2 Mz)* Kreuzung
gef·a geben, schenken
gef·a til kynna mitteilen
gems -i *(m1)* Handy, Mobiltelefon
ger·a, -i, -ði, -t *(v2)* machen, tun
ger·a við *(Akk)* reparieren
gestgjaf·i *(m1)* Gastgeber
gestrisni *(w Ez)* Gastfreundschaft
gest·ur, -s, -ir *(m2)* Gast
get·a können
gildandi *(unv.)* gültig
girni *(s3)* Angelschnur
gjald *(Ö! s2)* Gebühr
gjaldker·i *(m1)* Kasse
gjarnan gern
gjöf *(w6)* Geschenk
glað·ur, glöð *(Ö!)*, glatt fröhlich
glas *(Ö! s2)* (Trink)Glas
gleð·jast, -st, gladdist, glaðst *(v5)* freuen, sich
gler *(s2 Ez)* Glas (Material)
gleraug·u *(s1 Mz)* Brille
gleym·a, -i, -di, -t *(Dat v2)* vergessen
gló·a, -i, -ði, -að *(v2)* glühen
glugg·i *(m1)* Fenster
glæp·ur, -s, -ir *(m2)* Verbrechen
gos *(s2)* Ausbruch (Geysir)
góð·ur, góð, gott gut
gramm *(Ö! s2)* Gramm
gras *(Ö! s2)* Gras
grát·a weinen
graðhest·ur *(m2)* Hengst
grænmeti *(s3)* Gemüse
gröft·ur *(m6)* Eiter
Guð *(m3)* Gott
gull *(s2 Ez)* Gold
gæði *(s3 Mz)* Qualität

H

haf *(Ö! s2)* Meer
haf·a haben, besitzen
haf·a áhuga á *(Dat)* interessieren, sich (für)
haf·a eftirlit með *(Dat)* kontrollieren
hald·a halten
hald·a hátíðlegt *(Akk)* feiern
hál·l, hál, hált eisglatt
harð·ur, hörð *(Ö!)*, hart hart
haust *(s2)* Herbst
hádegi *(s3)* Mittag
háf·ur *(m2)* Kescher
há·r, há, hátt hoch; laut
hátíð, -ar, -ir *(w3)* Fest, Feier
hávæ·r, -, -t lärmend

hefð, -ar, -ir *(w3)* Tradition
heilbrigði *(w Ez)* Gesundheit
heilbrigð·ur, -, -brigt **gesund (Mensch)**
heil·l **ganz**
heils·a, -að *(Dat v1)* (be)grüßen
heils·ast, -ast *(v1)* grüßen, sich
heimboð *(s2)* Einladung
heimferð, -ar, -ir *(w3)* Rückfahrt
heimilisfang *(s2 Ö!)* Adresse
heimsk·ur **dumm**
heimsókn, -ar, -ir *(w3)* Besuch
heimsæk·ja *(wie sæk·ja)* **besuchen**
heit·ur **heiß**
heldur en **als (Vergleich)**
helming·ur *(m2)* Hälfte
herbergi *(s3)* Zimmer
herr·a, -a, -ar *(m)* Herr
hestaleig·a *(w1)* Pferdeverleih
heyr·a, -i, -ði, -t *(v2)* hören
hér **hier**
hérna **hier**
hinn daginn **übermorgen**
hinn, hin, hitt **jene(r, s)**
hit·i *(m1)* Fieber
hitt·a, -i, -i, hitt *(v2)* treffen (begegnen)
hitt·ast, -ist, -ist, hist *(v2)* begegnen, sich
hjá *(Dat)* bei
hjáleið *(w3)* Umleitung
hjálm·ur *(m2)* Helm
hjálp, -ar, -ir *(w3)* Hilfe
hjálp·a, -að *(v1)* helfen
hjón *(s2 Mz)* Ehepaar
hlaup·a **laufen, rennen**
hlaup·a hratt **rennen**
hlé *(s2)* Pause
hljómplat·a *(Ö! w1)* Schallplatte
hlut·i *(m1)* Stück
hlut·ur, -ar, -ir *(m2)* Ding, Sache
hlý·r, hlý, -tt **warm (Luft)**
hlæ·ja að *(Dat)* lachen über etw.
hnakk·ur *(m2)* Sattel
hnot, -ar, hnetur *(w4)* Nuss
hóf·ur *(m2)* Huf
hol·a *(w1)* Loch
hóp·ur *(m2)* Gruppe
hótel *(s2)* Hotel
hrá·r, hrá, hrátt **roh**
hreinlæti *(s3 Ez)* Hygiene
hrein·n **sauber**
hreins·a, -að *(v1)* säubern
hring·ja, -i, -di, -t *(v3)* telefonieren
hróp·a, -að *(v1)* rufen (schreien)
hryss·a *(w1)* Stute
hugguleg·ur **gemütlich**
hugs·a, -að *(v1)* denken
hurð, -ar, -ir *(w3)* Tür
hús *(s2)* Haus
húsbóndi *(wie: bóndi)* Hausherr
húsfrú, -ar, -r *(w)* Hausfrau
húsnæði *(s2)* Unterkunft
hval·ur, -s, -ir *(m2)* Wal
hvass, hvöss *(Ö!)*, -t scharf (Messer)
hver **jeder**

hvergi **nirgendwo(hin)**
hvíl·a, -i, -di, -t sig *(v2)* **ausruhen, sich**
hvorn annan **einander**
hvort **ob**
höfn, hafnar, hafnir *(Ö! w6)* **Hafen**
hæð, -ar, -ir *(w3)* **Etage**
hægra megin **rechts**
hæg·ur **langsam**
hætt·a, -i, -i, hætt *(Dat v2)* **aufhören**
hættuleg·ur **gefährlich**

I

iðnað·ur, -ar *(m2 Ez)* **Industrie**
innbrot *(s2)* **Einbruch**
inngang·ur *(m2)* **Eingang**

Í

í *(Dat/Akk)* **in (Ort/Richtung)**
í *(Akk)* **über (zeitl.)**
íbúð, -ar, -ir *(w3)* **Wohnung**
íbú·i *(m1)* **Einwohner**
í dag **heute**
í gær **gestern**
í hvert skipti **jedes Mal**
í næsta skipti **nächstes Mal**
ís *(m3)* **(Speise)Eis**
ístað *(s2)* **Steigbügel**
íþrótt, -ar, -ir *(w3)* **Sport**

J

jarðhit·i *(m1)* **Erdwärme**
jarðskjálft·i *(m1)* **Erdbeben**
já **ja**
jepp·i *(m1)* **Jeep**
jökul·l, -s, -klar *(A! m5)* **Gletscher**
jörð *(w6)* **Erde**

K

kaffibrauð *(s2)* **Gebäck**
kald·ur, köld *(Ö!)*, kalt **kalt**
kann·a *(Ö! w1)* **Kanne**
kannski **vielleicht**
karlmaður *(m)* **Mann**
kaup *(s2)* **Lohn, Gehalt**
kaup·a, -i, keypti, keypt *(v3)* **kaufen**
kenn·a, -i, -di, -t *(v2)* **unterrichten, lehren**
kennar·i *(m1)* **Lehrer(in)**
kirkj·a *(w1)* **Kirche**
kjöt *(s2)* **Fleisch**
klár **klug**
klef·i *(m1)* **Abteil**
klukkustund, -ar, -ir *(w3)* **Stunde**
klæðnað·ur, -ar, -ir *(m2)* **Kleidung**
kom·a **(an)kommen**
kom·a *(w1)* **Ankunft**
kom·a með *(Akk)* **bringen**
kon·a *(w1)* **Frau**
kort *(s2)* **Landkarte**
kost·a, -að *(v1)* **kosten (Preis)**

kunn·a að können
krá *(w7)* Kneipe
krók·ur *(m2)* Umweg
krydd *(s2)* Gewürz
kurteis höflich
kvart·a, -að undan *(Dat v1)* beschweren, sich
kveð·jast, -st, kvaddist, kvaðst *(v5)* verabschieden, sich
kveikjar·i *(m1)* Feuerzeug
kvenkyns (unv.) weiblich
kvöld *(s2)* Abend
kvöldmat·ur, -ar, -ar *(m2)* Abendessen
kynn·a, -i, -ti, -t *(v2)* vorstellen (jmd.)
kynn·a, -i, -ti, -t sig *(v2)* bekanntmachen, sich
kynn·ast, -ist, -tist, -st *(v2)* vorstellen, sich
kyss·a, -i, -ti, -t *(v2)* küssen
kæliskáp·ur *(m2)* Kühlschrank
kærleg·ur herzlich

L

lamp·i *(m1)* Lampe
land *(Ö! s2)* Land
landamæri *(s3 Mz)* (Landes-) Grenze
landbúnað·ur, -ar, -ir *(m2)* Landwirtschaft
landslag, -s, landslög *(Ö! s2)* Landschaft
langt weit
lang·ur, löng *(Ö!)*, -t lang (Entf./ Zeit)
lat·ur, löt *(Ö!)*, latt faul (träge)
lág·ur niedrig
lán·a, -að *(Dat v1)* verleihen
lás *(m3)* Schloss (Tür-)
lát·a vita benachrichtigen
legg·ja legen
legg·ja á minnið merken, sich
legg·ja bílnum parken (Wagen)
legg·ja til vorschlagen
leiðinleg·ur langweilig
leiðsögn *(w6)* Führung
leiðsögumaður, -manns, -menn *(m)* Führer
leig·ja, -i, -ði, -t *(v2)* (ver)mieten
leig·ja, -i, -ði, -t sér *(v2)* leihen, sich
leigubíl·l *(m5)* Taxi
leik·a sér spielen
leit·a, -að að *(Dat v1)* suchen
les·a lesen
leyf·a, -i, -ði, -t *(v2)* erlauben
leyfi *(s3)* Erlaubnis
létt·ur, -, - leicht (nicht schwer)
lif·a, -i, -ði, -að *(v2)* leben
ligg·ja liegen
list, -ar, -ir *(w3)* Kunst
lítil·l, lítil, lítið klein
litrík·ur bunt

lit·ur, -ar, -ir *(m2)* **Farbe**
líð·a *(Dat)* **fühlen, sich**
líf *(s2)* **Leben**
líffæri *(s3)* **Organ**
líka **auch**
lítið **wenig**
ljós, -, -t **hell**
ljós *(s2)* **Licht**
ljósmyndavél, -ar, -ar *(w3)* **Fotoapparat**
ljúffeng·ur **schmackhaft**
ljúg·a **lügen**
ljúk·a *(Dat)* **beenden**
lokað·ur, lokuð, lokað **geschlossen**
lopapeys·a *(w1)* **Islandpullover**
lyf *(s2)* **Medikament**
lyft·a, -i, -i, lyft *(v2)* **heben**
lykil·l, -s, -klar *(A! m5)* **Schlüssel**
lækn·ir *(m4)* **Arzt**
lær·a, -i, -ði, -t *(v2)* **lernen**
lög *(s2 Mz)* **Gesetz**
lögregl·a *(w1)* **Polizei**

M

maðk·ur *(m2)* **Wurm**
maður **man**
maður, manns, menn *(m)* **Mensch; Mann**
magn *(Ö! s2)* **Menge (Quantität)**
marg·ir, -ar, mörg *(Ö! Mz)* **viele**
markað·ur, -ar, -ir *(m2)* **Markt**
matseðil·l, -s, -ðlar *(A! m5)* **Speisekarte**
mat·ur, -ar, -ar *(m2)* **Essen (Mahlzeit)**
matvar·a *(Ö! w1)* **Lebensmittel**
mál·a, -að *(v1)* **malen**
mánuð·ur, mánaðar, -ir *(m2)* **Monat**
með *(Dat)* **mit**
meðhöndl·a, -að *(v1)* **behandeln (Krankheit)**
meg·a **dürfen**
meidd·ur, meidd, meitt **verletzt**
meiðsl *(s2)* **Verletzung**
meira **mehr**
mér er flökurt **mir ist schlecht**
mið·i *(m1)* **Eintrittskarte**
miðj·a *(w1)* **Zentrum**
mikið **viel**
mikilvæg·ur **wichtig**
minnisgrip·ur, -s, -ir *(m2)* **Andenken**
minnismerki *(s3)* **Denkmal**
mínút·a *(w1)* **Minute**
mjólk, -ur *(w3 Ez)* **Milch**
morgun·n, -s, -gnar *(A! m5)* **Morgen**
móðg·a, -að *(v1)* **beleidigen**
móðir, móður, mæður *(w)* **Mutter**
móðurbróðir *(m)* **Onkel (mütterl.)**
móðursystir *(w)* **Tante (mütterl.)**
mun·a eftir *(Dat)* **erinnern, sich**

mynd, -ar, -ir *(w3)* **Bild**
munstur *(A! s2)* **Muster**
mæl·a, -i, -ti, -t með *(Dat v2)* **empfehlen**
möguleg·ur **möglich**

N

nafn *(Ö! s2)* **Name**
nak·inn, -in, -ið **nackt**
nauðsýnleg·ur **notwendig**
ná, næ, náði, náð sér *(v2)* **erholen, sich**
nákvæm·ur **genau**
nál, -ar, -ar *(w3)* **Nadel**
nálæg·ur **nah**
náttúr·a *(w1)* **Natur**
náttúruleg·ur **natürlich (nicht künstlich)**
nei **nein**
niðri **unten**
niðurgang·ur *(m2)* **Durchfall**
nokkr·ir, -ar, nokkur **paar, einige**
nokkuð **etwas**
norður *(A! s2 Ez)* **Norden**
norræn·n **nordisch**
not·a, -að *(v1)* **(be)nutzen**
nóg (unv.) **genug**
nótt, nætur, nætur *(w)* **Nacht**
númer *(s2)* **Nummer**
núna **jetzt**
ný·r, ný, nýtt **neu**

O

of mikið **zuviel**
oft **oft**
og **und**
olí·a *(w1)* **Öl**
opn·a, -að *(v1)* **öffnen**
orð *(s2)* **Wort**
orðabók, -ar, -bækur *(w4)* **Wörterbuch**
orkuver *(s2)* **Kraftwerk**

Ó

ódýr **billig**
ófrísk *(w)* **schwanger**
ógiftur **ledig**
ókeypis **kostenlos**
ónýt·ur **kaputt; faul (Obst)**
ósk·a, -að *(Gen v1)* **wünschen**
ósk·a, -að til hamingju *(v1)* **gratulieren**
ótt·ast, -ast *(Gen v1)* **fürchten, sich (vor)**
ótt·i *(m1)* **Angst**
óþekkt·ur, -, - **unbekannt**

P

pant·a, -að *(v1)* **reservieren, bestellen**
pappír *(m3)* **Papier**
par *(Ö! s2)* **Paar**

pass·a, -að *(v1)* **sitzen (passen)**
pening·ar *(m2 Mz)* **Geld**
persón·a *(w1)* **Person**
plant·a *(Ö! w1)* **Pflanze**
pláss *(s2)* **Platz**
póst·ur *(m2)* **Post(amt)**
pöbb, -s, -ar *(m2)* **Pub**
pöntun, -ar, pantanir *(Ö! w5)* **Bestellung**
prímus, -ar, -ar *(m3)* **Kocher**

R

rafgeym·ir *(m4)* **Batterie**
ráð *(s2)* **Rat**
rak·ur, rök *(Ö!)*, **-t feucht**
refs·a, -að *(Dat v1)* **bestrafen**
regnhlíf, -ar, -ar *(w3)* **Regenschirm**
reiðhjól *(s2)* **Fahrrad**
reiðu·fé, -fjár *(s Ez)* **Bargeld**
reikn·a, -að *(v1)* **rechnen**
reikning·ur *(m2)* **Rechnung**
reipi *(s3)* **Seil**
reyk·ja, -i, -ti, -t *(v2)* **rauchen**
reyn·a, -i, -di, -t *(v2)* **versuchen**
réttindi *(s3)* **Recht**
rétt·ur, -, - richtig
reiðtúr *(m3)* **Reittour**
rigning *(w2 Ez)* **Regen**
ríð·a reiten
rífa·st streiten, sich
ríkisborgar·i *(m1)* **Staatsbürger**
rík·ur reich
rok *(s2)* **Orkan**
ró *(w7)* **Ruhe**
róleg·ur ruhig
rusl *(s2 Ez)* **Müll**
rúm *(s2)* **Raum; Bett**
rúmföt *(s2 Mz)* **Bettzeug**
rúmteppi *(s3)* **(Bett-)Decke**
rút·a *(w1)* **(Überland-)Bus**
ræðismannsstað·a *(Ö! w1)* **Konsulat**
rödd, raddar, raddir *(w6)* **Stimme**

S

sadd·ur, södd *(Ö!)*, **satt satt**
safn *(Ö! s2)* **Museum**
safn·a, -að *(Dat v1)* **sammeln**
saga *(Ö! w1)* **Geschichte (Historie / Erzählung)**
salerni *(s3)* **Toilette**
salt *(Ö! s2)* **Salz**
saman zusammen
samfélag, -s, -lög *(Ö! s2)* **Gesellschaft**
sammála einverstanden
sandfok *(s2)* **Sandsturm**
sann·ur, sönn *(Ö!)*, **satt wahr**
sáp·a *(w1)* **Seife**
sár *(s2)* **Wunde**
sáraumbúðakass·i *(m1)* **Verbandskasten**
seg·ja, -i, sagði, sagt *(Dat v3)* **sagen**

seg·ja, -i, sagði, sagt frá *(Dat v3)* **erzählen**
sein·n **spät**
sekúnd·a *(w1)* **Sekunde**
sek·ur **schuldig**
sel·ja, sel, seldi, selt *(v4)* **verkaufen**
send·a, -i, -i, -t *(v2)* **schicken, senden**
sendiráð *(s2)* **Botschaft (dipl.)**
set·ja, set, setti, sett *(v4)* **stellen**
set·jast, -ist, -tist, sest *(v3)* **setzen, sich**
silfur *(s2 Ez)* **Silber**
sit·ja **sitzen**
síðan **dann; seit**
sígarett·a *(w1)* **Zigarette**
sím·i *(m1)* **Telefon**
sjaldan **selten**
sjá **sehen**
sjálfsábyrgð *(w3)* **Selbstbeteiligung**
sjálf·ur **selbst**
sjá·st **sich sehen**
sjónvarpstæki *(s3)* **Fernsehgerät**
sjó·r, sjávar *(m2 Ez)* **See (die)**
sjóstangaveiði *(w)* **Hochseeangeln**
sjúkdóm·ur *(m2)* **Krankheit**
sjúkling·ur *(m2)* **Patient**
sjúkrabíl·l *(m5)* **Rettungswagen**
sjúkrahús *(s2)* **Krankenhaus**
skeif·a (w2) **Hufeisen**
skemmt·a, -i, -i, skemmt sér *(v2)* **vergnügen, sich**
skemmtileg·ur **lustig**
skil·a, -að *(Dat v1)* **abgeben**
skil·ja, skil, skildi, skilið *(v4)* **verstehen**
skilríki *(s3 Mz)* **Dokument(e), Ausweis**
skip *(s2)* **Schiff**
skipt·a, -i, -i, skipt *(Akk v2)* **umtauschen**
skipt·a, -i, -i, um *(Akk v2)* **wechseln**
skipulagning *(w2)* **Plan**
skipulegg·ja (wie: legg·ja) **organisieren**
skítug·ur **schmutzig**
skjót·a **schießen**
skoð·a, -að *(v1)* **besichtigen**
skordýr *(s2)* **Insekt**
skól·i *(m1)* **Schule**
skó·r, -s, skór *(m unreg.)* **Schuh**
skraut *(s2)* **Schmuck**
skrá, -i, -ði, -ð *(v2)* **registrieren**
skrif·a, -að *(v1)* **schreiben**
skrif·a, -að undir *(v1)* **unterschreiben**
skrifstof·a *(w1)* **Büro**
skæri *(s3 Mz)* **Schere**
slys *(s2)* **Unfall**
smakk·a, -að *(v1)* **kosten, probieren**
snemma **früh (Adv.)**
snið *(s2)* **Stil (Kunst)**
sof·a **schlafen**
sól, -ar, -ir *(w3)* **Sonne**
son·ur, -ar, synir *(m2)* **Sohn**
spar·a, -að *(v1)* **sparen**

spjall·a, -að saman *(v1)* **unterhalten, sich**
spraut·a, -að *(v1)* **spritzen (Med.)**
spún·n *(m5)* **Blinker (Angel)**
spurning *(w2)* **Frage**
spyr·ja, spyr, spurði, spurt *(v5)* **fragen**
staðfesting *(w2)* á flugi tilbaka **Flugrückbestätigung**
stað·ur, -ar, -ir *(m2)* **Lage (geogr.), Stelle, Ort**
stand·a **stehen**
starf *(s2)* **Arbeit**
stein·n *(m2)* **Stein**
sterk·ur **stark**
stig·i *(m1)* **Treppe**
stíg·ur, -s, -ir *(m2)* **Gasse**
stjórnmál *(s2 Mz)* **Politik**
stól·l *(m5)* **Stuhl**
stór **groß**
strák·ur *(m2)* **Junge**
strax **sofort**
strætó, -s, -ar *(m3)* **(Stadt-)Bus**
strönd, strandar, strandir *(w6)* **Strand**
stundum **manchmal**
stundvís **pünktlich**
stutt·ur, -, - **kurz**
stúlk·a *(w1)* **Mädchen**
stærð, -ar, -ir *(w3)* **Größe**
stöðv·a, -að *(v1)* **anhalten**
stökk *(s2)* **Galopp**
suður *(A! s2 Ez)* **Süden (Richtung)**
sumar, -s, sumur *(s2)* **Sommer**
sundbol·ur, -s, -ir *(m2)* **Badeanzug**
sundhöll, -hallar, -hallir *(w6)* **Hallenbad**
sundskýl·a *(w1)* **Badehose**
súp·a *(w1)* **Suppe**
súr, -, -t **sauer (Essen)**
sval·ur, svöl *(Ö!)*, -t **kühl**
svang·ur, svöng *(Ö!)*, -t **hungrig**
svar *(Ö! s2)* **Antwort**
svar·a, -að *(v1)* **antworten**
svefnherbergi *(s3)* **Schlafzimmer**
Sviss *(s2 Ez)* **Schweiz**
Svisslending·ur *(m2)* **Schweizer(in)**
svitn·a, -að *(v1)* **schwitzen**
svip·a *(w1)* **Reitgerte**
svoleiðis *(unv.)* **solch(e, -er, -es)**
svolítið **bisschen**
svona **so**
svæði *(s2)* **Gegend**
synd·a, -i, synti, synt *(v2)* **schwimmen**
syng·ja **singen**
systir, systur, systur *(w)* **Schwester**
systkin *(s2 Mz)* **Geschwister**
sýn·a, -i, -di, -t *(v2)* **zeigen**
sýning *(w2)* **Ausstellung**
sæt·ur **süß**
sönglag *(Ö! s2)* **Lied**
sönnun, -ar, sannanir *(Ö! w5)* **Beweis**

T

tafl·a *(Ö! w1)* Tablette
tak·a *(Akk)* nehmen; dauern
tak·a á móti *(Dat)* empfangen
tak·a ljósmynd af *(Dat)* fotografieren
takk fyrir! danke!
tal·a, -að *(v1)* reden, sprechen
tal·a vitlaust versprechen, sich
tannlækn·ir *(m4)* Zahnarzt
tannsáp·a *(w1)* Zahnpasta
task·a *(Ö! w1)* Tasche
taum·ur *(m2)* Zügel
tengil·l, -s, tenglar *(A! m5)* Steckdose
tékk·i *(m1)* Scheck
til *(Gen)* bis, nach (Richtung), zu
til baka zurück
tilfinning *(w2)* Gefühl
tilkynn·a, -i, -ti, -t *(v2)* anmelden
tilkynning *(w2)* Meldung
til þess að damit, um zu
timbur *(s2)* Holz
tím·i *(m1)* Zeit
tísk·a *(w1)* Mode
tjaldbúð, -ar, -ir *(w3)* (Zelt)Lager
tjaldstæði *(s3)* Zeltplatz
toll·ur *(m2)* Zoll
tóbak *(s2 Ez)* Tabak
tóm·ur leer
tónleik·ar *(m2 Mz)* Konzert
tónlist, -ar, -ir *(w3)* Musik
trufl·a, -að *(v1)* stören
trú·a, trúi, -ði, -að *(v2)* glauben
trygging *(w2)* Versicherung
tungumál *(s2)* Sprache
turn *(m3)* Turm
túlk·ur *(m2)* Dolmetscher
týn·a, -i, -di, -t *(Dat v2)* verlieren (Dinge)

U

um *(Akk)* um
umferðaljós *(s2)* Ampel
umferðamiðstöð, -var, -var *(w3)* Busbahnhof
umhverfi *(s2 Ez)* Umwelt, Umgebung
um það bil etwa (ungefähr)
undir *(Dat/Akk)* unter
undirbú·a *(wie: bú·a)* vorbereiten
ung·ur jung
upphæð, -ar, -ir *(w3)* Summe
uppi oben
upplýsing *(w2)* Auskunft
upplýsingamiðstöð, -var, -var *(w3)* Information
úr *(Dat)* aus
úr *(s2)* Uhr
útgang·ur *(m2)* Ausgang
útisundlaug, -ar, -ar *(w3)* Freibad
útlending·ur *(m2)* Ausländer
útlönd *(s2 Mz)* Ausland
útskýr·a, -i, -ði, -t *(v2)* erklären
útvarpstæki *(s3)* Radio

V

vakn·a, -að *(v1)* aufwachen
vandamál *(s2)* Problem
var·a *(Ö! w1)* Ware
varahjól *(s2)* Reserverad
varahlut·i *(m1)* Ersatzteil
varpland *(Ö! s2)* Vogelbrutgebiet
varúð, -ar *(w3 Ez)* Vorsicht
vask·ur *(m2)* Waschbecken
vatn *(Ö! s2)* See (der)
vatn *(Ö! s2 Ez)* Wasser
veður *(A! s2 Ez)* Wetter
veðurspá *(w7)* Wettervorhersage
vegabréf *(s2)* Pass
vegg·ur, -jar, -ir *(m2)* Wand
vegna *(Gen)* wegen
veg·ur, -ar, -ir *(m2)* Weg
veið·a, -i, veiddi, veitt *(v2)* fischen; jagen
veiðileyfi *(s3)* Angellizenz
veiðistöng *(w6)* Angel
veik·ur krank
veitingahús *(s2)* Gaststätte, Restaurant
vek·ja, vek, vakti, vakið *(v5)* wecken
venj·a *(w1)* Brauch
ven·ja(st), -(st), vandi(st), vanið(st) *(v5)* gewöhnen, sich
ventil·l, -s, ventlar *(A! m5)* Ventil
ver·a sein
ver·a á gönguferð wandern
ver·a ástfang·inn, -in af *(Dat)* verlieben, sich (in)
ver·a eftir übrig sein
ver·a gaman Spaß machen
ver·a hamingjusam·ur, -söm *(Ö!)*, -t glücklich sein
ver·a hepp·inn *(m)*, ver·a hepp·in *(w)* Glück haben
ver·a kyrr bleiben
ver·a með *(Akk)* haben, besitzen
ver·a með kvef erkältet sein
ver·a sein·n/sein/seint *(m/w/s)* verspäten, sich
ver·a þyrst·ur, -, - durstig sein
verð *(s2)* Preis
verð·a werden
verksmiðj·a *(w1)* Fabrik
verkstæði *(s3)* Werkstatt
verk·ur, -jar, -ir *(m2)* Schmerz
verslun, -ar, verslanir *(w5)* Geschäft (Laden)
vestur *(s2 Ez)* Westen
vettling·ur *(m2)* Handschuh
vetrarveg·ur, -ar, -ir *(m2)* Winterweg
vetur, vetrar, vetur *(m)* Winter
vél, -ar, -ar *(w3)* Motor
við hliðina á *(Dat)* neben
viðkomustað·ur, -ar, -ir *(m2)* Bushaltestelle
viðtal *(Ö! s2)* Gespräch
vik·a *(w1)* Woche
vill·a *(w1)* Fehler
vill·ast, -ast *(v2)* verirren, sich

vinátt·a *(w1)* Freundschaft
vind·ur, -ar, -ar *(m2)* Wind
vingjarnleg·ur freundlich
vinkon·a *(w1)* Freundin
vinn·a arbeiten
vinn·a *(w1)* Geschäft (Tätigkeit)
vinn·a sér inn verdienen
vinstra megin links
vin·ur, -ar, -ir *(m2)* Freund
vit·a wissen
vitlaus falsch
volg·ur warm (Wasser)
von·a, -að *(v1)* hoffen
vond·ur, -, vont schlecht
vor *(s2)* Frühling
vot·ur feucht
völl·ur *(m6)* (Fußball-)Feld

Y

yfir *(Dat/Akk)* über (örtl.)
yfirmaður *(m)* Chef
yfirvöld *(s2 Mz)* Behörde

Þ

þakk·a, -að *(v1)* danken
þak *(Ö! s2)* Dach
þangað dorthin
þangað til *(Gen)* bis (zeitl.)
þar da, dort
þar á eftir danach
þarna da, dort
þá da
þegar wenn, als (zeitl.); schon
þekk·ja, -i, -ti, -t *(v2)* kennen
þess vegna darum, deshalb
þetta dieses
þjóð, -ar, -ir *(w3)* Volk
þjóðerni *(s3)* Staatsangehörigkeit, Nationalität
Þjóðverj·i *(m1)* Deutsche(r)
þjófnað·ur, -ar, -ir *(m2)* Diebstahl
þreytt·ur, -, - müde
þroskað·ur, -kuð, -kað reif (Obst; Person)
þrumuveður *(A! s2)* Gewitter
þröng·ur eng
þung·ur schwer
þunn·ur dünn
þurf·a müssen; brauchen
þurr trocken
þvert í gegnum *(Akk)* durch (quer)
því weil
þvo, þvæ, þvoði, þvegið waschen
þykk·ur dick
þyngd, -ar *(w3 Ez)* Gewicht
þyrst·ur, -, - durstig
þýð·a, -i, þýddi, þýtt *(v2)* übersetzen (Sprache)
þýðand·i, -a, þýðendur *(m)* Übersetzer
Þýskaland *(s2 Ez)* Deutschland
þýsk·ur deutsch

Æ/Ö

æf·a, -i, -ði, -t *(v2)* **üben**

ætl·a, -að *(v1)* **wollen**

ökutæki *(s3)* **Fahrzeug**

ölvað·ur, ölvuð, ölvað **betrunken**

öngul·l, -s, önglar *(A! m5)* **Haken**

örugg·ur **sicher**

öryggisbelti *(s3)* **Sicherheitsgurt**

Beugungstabelle Nomen

Die Tabelle gibt für jede Deklinationsklasse ein oder mehrere Beispiele an, je nachdem, ob es für eine Klasse mehrere Varianten gibt. Der Stamm steht vor dem Trennstrich, danach folgt die Endung ohne Artikel, z. B. **tím·i (tíminn)**: Stamm **tím-**, Endung **-i**. In Klammern steht dahinter die Form mit Artikel, z. B. **tíminn**. Ein Bindestrich bedeutet, dass es in dem Fall keine Endung gibt.

Die Reihenfolge der Fälle ist so, wie es in der Literatur üblich ist und die Isländer selbst sie auch ausnahmslos anführen (Nominativ, Akkusativ, Dativ, Genitiv). Hinter der Bezeichnung m1, m2 etc. steht das jeweilige Kennzeichen der Klasse.

Beachten Sie bitte, dass die Ö-Regel immer gilt, wenn in einem Fall außer dem Nom. Ez eine Endung mit **-u-** angehängt wird.

Unregelmäßigkeiten wie das gelegentlich wegfallende **-i** im Dativ Ez mancher männlicher Substantive werden in der Wortliste angegeben. Grundsätzlich gilt, dass Erscheinungen wie die Ausfallregel (siehe m3) oder das Ausfallen von **-i** die Aussprache erleichtern.

m1

auf **-i**; die auf **-andi** haben in der Mz **-end-**

	Ez	Mz
Nom.	**tím·i (tíminn)**	**tím·ar (tímarnir)**
Akk.	**tím·a (tímann)**	**tím·a (tímana)**
Dat.	**tím·a (tímanum)**	**tím·um (tímunum)**
Gen.	**tím·a (tímans)**	**tím·a (tímanna)**

	Ez	Mz
Nom.	**eigand·i (eigandinn)**	**eigend·ur (eigendurnir)**
Akk.	**eigand·a (eigandann)**	**eigend·ur (eigendurna)**
Dat.	**eigand·a(eigandanum)**	**eigend·um (eigendunum)**
Gen.	**eigand·a(eigandans)**	**eigend·a (eigendanna)**

m2

auf **-ur,** Gen Ez auf **-s** oder **-ar,** Nom Mz auf **-ar** oder **-ir;** bei einigen fällt Dat Ez **-i** weg

	Ez	Mz
Nom.	**hest·ur (hesturinn)**	**hest·ar (hestarnir)**
Akk.	**hest·- (hestinn)**	**hest·a (hestana)**
Dat.	**hest·i (hestinum)**	**hest·um (hestunum)**
Gen.	**hest·s (hestsins)**	**hest·a (hestanna)**

	Ez	Mz
Nom.	**fund·ur (fundurinn)**	**fund·ar (fundarnir)**
Akk.	**fund·- (fundinn)**	**fund·a (fundana)**
Dat.	**fund·i (fundinum)**	**fund·um (fundunum)**
Gen.	**fund·ar (fundarins)**	**fund·a (fundanna)**

	Ez	Mz
Nom.	**gest·ur (gesturinn)**	**gest·ir (gestirnir)**
Akk.	**gest·- (gestinn)**	**gest·i (gestina)**
Dat.	**gest·i (gestinum)**	**gest·um (gestunum)**
Gen.	**gest·s (gestsins)**	**gest·a (gestanna)**

m3

ohne Endung, **-ur** gehört zum Stamm, dann A! beachten; gelegentlich Stammänderung und Ausfall von **-i** im Dat Ez

	Ez	Mz
Nom.	**akur·- (akurinn)**	**akr·ar (akrarnir)** *(A!)*
Akk.	**akur·- (akurinn)**	**akr·a (akrana)** *(A!)*
Dat.	**akr·i (akrinum)** *(A!)*	**ökr·um (ökrunum)** *(Ö, A!)*
Gen.	**akur·s (akursins)**	**akr·a (akranna)** *(A!)*

	Ez	Mz
Nom.	**hver·- (hverinn)**	**hver·ir (hverirnir)**
Akk.	**hver·- (hverinn)**	**hver·i (hverina)**
Dat.	**hver·- (hvernum)**	**hver·um (hverunum)**
Gen.	**hver·s (hversins)**	**hver·a (hveranna)**

	Ez	Mz
Nom.	**ás·- (ásinn)**	**æs·ir (æsirnir)**
Akk.	**ás·- (ásinn)**	**æs·i (æsina)**
Dat.	**æs·i (æsinum)**	**ás·um (ásunum)**
Gen.	**ás·s (ássins)**	**ás·a (ásanna)**

m4

auf **-ir**, bis auf eine Ausnahme alle regelmäßig

	Ez	Mz
Nom.	**lækn·ir (læknirinn)**	**lækn·ar (læknarnir)**
Akk.	**lækn·i (lækninn)**	**lækn·a (læknana)**
Dat.	**lækn·i (lækninum)**	**lækn·um (læknunum)**
Gen.	**lækn·is (læknisins)**	**lækn·a (læknanna)**

m5

auf **-nn** oder **-ll**, im Dat Ez fällt **-i** gelegentlich weg

	Ez	Mz
Nom.	**stein·n (steinninn)**	**stein·ar (steinarnir)**
Akk.	**stein·- (steininn)**	**stein·a (steinana)**
Dat.	**stein·i (steininum)**	**stein·um (steinunum)**
Gen.	**stein·s (steinsins)**	**stein·a (steinanna)**

	Ez	Mz
Nom.	**bíl·l (bíllinn)**	**bíl·ar (bílarnir)**
Akk.	**bíl·- (bílinn)**	**bíl·a (bílana)**
Dat.	**bíl·- (bílnum)**	**bíl·um (bílunum)**
Gen.	**bíl·s (bílsins)**	**bíl·a (bílanna)**

m6

auf **-ur** mit **-ö-** im Stamm, das regelmäßig mit **-i-** und **-a-** wechselt

	Ez	Mz
Nom.	**fjörð·ur (fjörðurinn)**	**firð·ir (firðirnir)**
Akk.	**fjörð·- (fjörðinn)**	**firð·i (firðina)**
Dat.	**firð·i (firðinum)**	**fjörð·um (fjörðunum)**
Gen.	**fjarð·ar (fjarðarins)**	**fjarð·a (fjarðanna)**

w1

auf **-a**; Ö! beachten

	Ez	Mz
Nom.	**krón·a (krónan)**	**krón·ur (krónurnar)**
Akk.	**krón·u (krónuna)**	**krón·ur (krónurnar)**
Dat.	**krón·u (krónunni)**	**krón·um (krónunum)**
Gen.	**krón·u (krónunnar)**	**krón·a (krónanna)**

	Ez	Mz
Nom.	**gat·a (gatan)**	**göt·ur (göturnar)** *(Ö!)*
Akk.	**göt·u (götuna)** *(Ö!)*	**göt·ur (göturnar)** *(Ö!)*
Dat.	**göt·u (götunni)** *(Ö!)*	**göt·um (götunum)** *(Ö!)*
Gen.	**göt·u (götunnar)** *(Ö!)*	**gat·na (gatnanna)**

w2

auf **-ing**; keine Ausnahmen

	Ez	Mz
Nom.	**bygging·- (byggingin)**	**bygging·ar (byggingarnar)**
Akk.	**bygging·u (bygginguna)**	**bygging·ar (byggingarnar)**
Dat.	**bygging·u (byggingunni)**	**bygging·um (byggingunum)**
Gen.	**bygging·ar (byggingarinnar)**	**bygging·a (bygginganna)**

w3

endungslos im Nom Ez, Gen Ez auf **-ar** oder **-ur,** Nom/Akk Mz auf **-ar,-ir** oder **-ur;** Gen Mz gelegentlich auf **-na**)

	Ez	Mz
Nom.	**borg·- (borgin)**	**borg·ir (borgirnar)**
Akk.	**borg·- (borgina)**	**borg·ir (borgirnar)**
Dat.	**borg·- (borginni)**	**borg·um (borgunum)**
Gen.	**borg·ar (borgarinnar)**	**borg·a (borganna)**

	Ez	Mz
Nom.	**grein·- (greinin)**	**grein·ar (greinarnar)**
Akk.	**grein·- (greinina)**	**grein·ar (greinarnar)**
Dat.	**grein·- (greininni)**	**grein·um (greinunum)**
Gen.	**grein·ar (greinarinnar)**	**grein·a (greinanna)**

	Ez	Mz
Nom.	**vík·- (víkin)**	**vík·ur (víkurnar)**
Akk.	**vík·- (víkina)**	**vík·ur (víkurnar)**
Dat.	**vík·- (víkinni)**	**vík·um (víkunum)**
Gen.	**vík·ur (víkurinnar)**	**vík·a (víkanna)**

w4

wie w3, nur mit regelmäßigem Wechsel des Stammvokals

	Ez	Mz
Nom.	**bók·- (bókin)**	**bæk·ur (bækurnar)**
Akk.	**bók·- (bókina)**	**bæk·ur (bækurnar)**
Dat.	**bók·- (bókinni)**	**bók·um (bókunum)**
Gen.	**bók·ar (bókarinnar)**	**bók·a (bókanna)**

w5

Stamm auf **-un,** regelmäßiger Wechsel in der Mz zu **-an;** Ö-Regel!

	Ez	Mz
Nom.	**byrjun·- (byrjunin)**	**byrjan·ir (byrjanirnar)**
Akk.	**byrjun·- (byrjunina)**	**byrjan·ir (byrjanirnar)**
Dat.	**byrjun·- (byrjuninni)**	**byrjun·um (byrjununum)**
Gen.	**byrjun·ar (byrjunarinnar)**	**byrjan·a (byrjananna)**

	Ez	Mz
Nom.	**kvörtun·- (kvörtunin)**	**kvartan·ir (kvartanirnar)**
Akk.	**kvörtun·- (kvörtunina)**	**kvartan·ir (kvartanirnar)**
Dat.	**kvörtun·- (kvörtuninni)**	**kvörtun·um (kvörtununum)**
Gen.	**kvörtun·ar (kvörtunarinnar)**	**kvartan·a (kvartananna)**

w6

endungslos mit **-ö-** im Stamm, Gen Ez auf **-ar**, Nom/Akk Mz auf **-ir**, Ö-Regel beachten!

	Ez	Mz
Nom.	**höfn·- (höfnin)**	**hafn·ir (hafnirnar)**
Akk.	**höfn·- (höfnina)**	**hafn·ir (hafnirnar)**
Dat.	**höfn·- (höfninni)**	**höfn·um (höfnunum)**
Gen.	**hafn·ar (hafnarinnar)**	**hafn·a (hafnanna)**

w7

endungslos auf Vokal, Gen Ez und Nom/Akk Mz auf **-r**; gelegentlich Wechsel des Stammvokals

	Ez	Mz
Nom.	**skrá·- (skráin)**	**skrá·r (skrárnar)**
Akk.	**skrá·- (skrána)**	**skrá·r (skrárnar)**
Dat.	**skrá·- (skránni)**	**skrá·m (skránum)**
Gen.	**skrá·r (skrárinnar)**	**skrá·a (skránna)**

	Ez	Mz
Nom.	**brú·- (brúin)**	**brý·r (brýrnar)**
Akk.	**brú·- (brúna)**	**brý·r (brýrnar)**
Dat.	**brú·- (brúnni)**	**brú·m (brúnum)**
Gen.	**brú·ar (brúarinnar)**	**brú·a (brúanna)**

w8

auf **-i**, Gen Ez auf **-i** oder **-ar**, manchmal keine Mehrzahlformen

	Ez	Mz
Nom.	**erm·i (ermin)**	**erm·ar (ermarnar)**
Akk.	**erm·i (ermina)**	**erm·ar (ermarnar)**
Dat.	**erm·i (erminni)**	**erm·um (ermunum)**
Gen.	**erm·ar (ermarinnar)**	**erm·a (ermanna)**

	Ez	Mz
Nom.	**lyg·i (lygin)**	**lyg·ar (lygarnar)**
Akk.	**lyg·i (lygina)**	**lyg·ar (lygarnar)**
Dat.	**lyg·i (lyginni)**	**lyg·um (lygunum)**
Gen.	**lyg·i (lyginnar)**	**lyg·a (lyganna)**

s1

auf **-a,** Gen Mz auf **-na,** keine Ausnahmen

	Ez	Mz
Nom.	**aug·a (augað)**	**aug·u (augun)**
Akk.	**aug·a (augað)**	**aug·u (augun)**
Dat.	**aug·a (auganu)**	**aug·um (augunum)**
Gen.	**aug·a (augans)**	**aug·na (augnanna)**

s2

endungslos auf Mitlaut im Nom Ez, auch **-ur** gehört zum Stamm, dann A-Regel, wenn Vokal angefügt wird, Dat/Gen Mz gelegentlich mit **-j-**Einschub, **-a-** im Stamm wird in Nom/Akk/Dat Mz immer zu **-ö-**

	Ez	Mz
Nom.	**blóm·- (blómið)**	**blóm·- (blómin)**
Akk.	**blóm·- (blómið)**	**blóm·- (blómin)**
Dat.	**blóm·i (blóminu)**	**blóm·um (blómunum)**
Gen.	**blóm·s (blómsins)**	**blóm·a (blómanna)**

	Ez	Mz
Nom.	**ber·- (berið)**	**ber·- (berin)**
Akk.	**ber·- (berið)**	**ber·- (berin)**
Dat.	**ber·i (berinu)**	**ber·jum (berjunum)**
Gen.	**ber·s (bersins)**	**ber·ja (berjanna)**

	Ez	Mz
Nom.	**hreiður·- (hreiðrið)**	**hreiður·- (hreiðrin)**
Akk.	**hreiður·- (hreiðrið)**	**hreiður·- (hreiðrin)**
Dat.	**hreiðr·i (hreiðrinu)**	**hreiðr·um (hreiðrunum)**
Gen.	**hreiður·s (hreiðursins)**	**hreiðr·a (hreiðranna)**

	Ez	Mz
Nom.	**barn·- (barnið)**	**börn·- (börnin)**
Akk.	**barn·- (barnið)**	**börn·- (börnin)**
Dat.	**barn·i (barninu)**	**börn·um (börnunum)**
Gen.	**barn·s (barnsins)**	**barn·a (barnanna)**

s3

auf **-i**; bei denen auf **-ki/-gi** wird **-i** vor **-um/-a** zu **-j-**, bei allen anderen fällt es weg

	Ez	Mz
Nom.	**ríki·- (ríkið)**	**ríki·- (ríkin)**
Akk.	**ríki·- (ríkið)**	**ríki·- (ríkin)**
Dat.	**ríki·- (ríkinu)**	**ríkj·um (ríkjunum)**
Gen.	**ríki·s (ríkisins)**	**ríkj·a (ríkjanna)**

	Ez	Mz
Nom.	**epl·i (eplið)**	**epl·i (eplin)**
Akk.	**epl·i (eplið)**	**epl·i (eplin)**
Dat.	**epl·i (eplinu)**	**epl·um (eplum)**
Gen.	**epl·is (eplisins)**	**epl·a (eplanna)**

Beugungstabelle Verben

Bei den schwachen Verben werden in der Wortliste angegeben: die Grundform getrennt in Stamm und Endung sowie die Verbklasse (z. B. **kall·a** *(v1):* Stamm **kall-,** Endung **-a,** Verbklasse v1). Bei Klasse v1 reicht das, da gibt es keine Ausnahmen. Bei den Klassen v2 bis v5 wird zusätzlich angegeben:

1. Person Ez der Gegenwart („ich tue"),
3. Person Ez Vergangenheit („er tat"),
das Partizip der Vergangenheit („getan"),
das man für **geta** („können") braucht.

Z. B. **heyr·a, -i, -ði, heyrt** *(v2)* bedeutet: **heyra** gehört in Klasse v2, **heyri** („ich höre"), **heyrði** („er hörte"), dem entnimmt man das Vergangenheitszeichen **-ð-** für alle anderen Formen der Vergangenheit, sowie das Partizip **heyrt,** mit dem man z. B. sagen kann: **ég get heyrt** („ich kann hören).

Schwache Verben

v1

Gegenwart auf **-a, -ar;** Vergangenheitszeichen **-að-** *(Ez),* **-uð-** *(Mz, Ö!):* **elsk·a, kall·a**

	Gegenwart		Vergangenheit	
	Ez	Mz	Ez	Mz
1.	**elsk·a**	**elsk·um**	**elsk·aði**	**elsk·uðum**
2.	**elsk·ar**	**elsk·ið**	**elsk·aðir**	**elsk·uðuð**
3.	**elsk·ar**	**elsk·a**	**elsk·aði**	**elsk·uðu**
Partizip: **elsk·aður** *(m Ez),* **elsk·uð** *(w Ez),* **elsk·að** *(s Ez);* **elsk·aðir** *(m Mz),* **elsk·aðar** *(w Mz),* **elsk·uð** *(s Mz)*				

	Gegenwart		Vergangenheit	
	Ez	Mz	Ez	Mz
1.	**kall·a**	**köll·um** *(Ö!)*	**kall·aði**	**köll·uðum** *(Ö!)*
2.	**kall·ar**	**kall·ið**	**kall·aðir**	**köll·uðuð** *(Ö!)*
3.	**kall·ar**	**kall·a**	**kall·aði**	**köll·uðu** *(Ö!)*

Partizip: **kall·aður** *(m Ez)*, **köll·uð** *(w Ez Ö!)*, **kall·að** *(s Ez)*; **kall·aðir** *(m Mz)*, **kall·aðar** *(w Mz)*, **köll·uð** *(s Mz Ö!)*

v2

Gegenwart auf **-i, -ir;** Vergangenheitszeichen **-ð-, -d-, -t-** oder bei **-tt-** im Stamm keines: **heyr·a, hætt·a;** leicht unregelmäßig: **ná, þvo**

	Gegenwart		Vergangenheit	
	Ez	Mz	Ez	Mz
1.	**heyr·i**	**heyr·um**	**heyr·ði**	**heyr·ðum**
2.	**heyr·ir**	**heyr·ið**	**heyr·ðir**	**heyr·ðuð**
3.	**heyr·ir**	**heyr·a**	**heyr·ði**	**heyr·ðu**

Partizip: **heyr·ður** *(m Ez)*, **heyr·ð** *(w Ez)*, **heyr·t** *(s Ez)*; **heyr·ðir** *(m Mz)*, **heyr·ðar** *(w Mz)*, **heyr·ð** *(s Mz)*.

	Gegenwart		Vergangenheit	
	Ez	Mz	Ez	Mz
1.	**hætt·i**	**hætt·um**	**hætt·i**	**hætt·um**
2.	**hætt·ir**	**hætt·ið**	**hætt·ir**	**hætt·uð**
3.	**hætt·ir**	**hætt·a**	**hætt·i**	**hætt·u**

Partizip: **hætt·ur** *(m Ez)*, **hætt·-** *(w Ez)*, **hætt·-** *(s Ez)*; **hætt·ir** *(m Mz)*, **hætt·ar** *(w Mz)*, **hætt·-** *(s Mz)*.

ná und **þvo** sind Ausnahmen in der Gegenwart Ez: **ég nái, þú nærð, hann nær** bzw. **ég þvæ, þú þværð, hann þvær.** Alle anderen Formen sind regelmäßig: **við náum, þið náið, þeir ná** bzw. **þvoum, þvoið, þvo.** Vergangenheit: **náði/náðir/náði, náðum, náðuð, náðu** bzw. **þvoði, þvoðum** etc. Partizip: **náður/náð/náð** bzw. **þveginn, þvegin, þvegið.**

v3

Gegenwart auf **-i, -ir**; Vergangenheitszeichen **-ð-, -d-, -t-** und Stammänderung: **segja**

	Gegenwart		Vergangenheit	
	Ez	Mz	Ez	Mz
1.	**seg·i**	**seg·jum**	**sag·ði**	**sög·ðum** *(Ö!)*
2.	**seg·ir**	**seg·ið**	**sag·ðir**	**sög·ðuð** *(Ö!)*
3.	**seg·ir**	**seg·ja**	**sag·ði**	**sög·ðu** *(Ö!)*

Partizip: **sag·ður** *(m Ez)*, **sög·ð** *(w Ez Ö!)*, **sag·t** *(s Ez)*;
sag·ðir *(m Mz)*, **sag·ðar** *(w Mz)*, **sög·ð** *(s Mz Ö!)*

v4

Gegenwart auf **-ur**, Vergangenheitszeichen **-ð-, -d-, -t-** ohne Änderung des Stamms: **setja, skilja**

	Gegenwart		Vergangenheit	
	Ez	Mz	Ez	Mz
1.	**set·-**	**set·jum**	**set·ti**	**set·tum**
2.	**set·ur**	**set·ið**	**set·tir**	**set·tuð**
3.	**set·ur**	**set·ja**	**set·ti**	**set·tu**

Partizip: **set·tur** *(m Ez)*, **set·t** *(w Ez)*, **set·t** *(s Ez)*;
set·tir *(m Mz)*, **set·tar** *(w Mz)*, **set·t** *(s Mz)*

	Gegenwart		Vergangenheit	
	Ez	Mz	Ez	Mz
1.	**skil·-**	**skil·jum**	**skil·di**	**skil·dum**
2.	**skil·ur**	**skil·ið**	**skil·dir**	**skil·duð**
3.	**skil·ur**	**skil·ja**	**skil·di**	**skil·du**

Partizip: **skil·inn** *(m Ez)*, **skil·in** *(w Ez)*, **skil·ið** *(s Ez)*;
skil·dir *(m Mz)*, **skil·dar** *(w Mz)*, **skil·in** *(s Mz)*

v5

Gegenwart auf **-ð/-rð/-ur** je nach Stamm, Vergangenheitszeichen **-ð-, -d-, -t-** mit Änderung des Stamms: **knýja, berja, vekja**

Stamm auf Vokal

	Gegenwart		Vergangenheit	
	Ez	Mz	Ez	Mz
1.	**ký·-**	**ký·jum** .	**knú·ði**	**knú·ðum**
2.	**ký·rð**	**ký·jið**	**knú·ðir**	**knú·ðuð**
3.	**ký·r**	**ký·ja**	**knú·ði**	**knú·ðu**

Partizip: **knú·inn** *(m Ez)*, **knú·in** *(w Ez)*, **knú·ið** *(s Ez)*; **knú·ðir** *(m Mz)*, **knú·ðar** *(w Mz)*, **knú·in** *(s Mz)*

Stamm auf -r

	Gegenwart		Vergangenheit	
	Ez	Mz	Ez	Mz
1.	**ber·-**	**ber·jum**	**bar·ði**	**bör·ðum** *(Ö!)*
2.	**ber·ð**	**ber·ið**	**bar·ðir**	**bör·ðuð** *(Ö!)*
3.	**ber·-**	**ber·ja**	**bar·ði**	**bör·ðu** *(Ö!)*

Partizip: **bar·inn** *(m Ez)*, **bar·in** *(w Ez)*, **bar·ið** *(s Ez)*; **bar·ðir** *(m Mz)*, **bar·ðar** *(w Mz)*, **bar·in** *(s Mz)*

Stamm auf Konsonant außer -r

	Gegenwart		Vergangenheit	
	Ez	Mz	Ez	Mz
1.	**vek·-**	**vek·jum**	**vak·ti**	**vök·tum** *(Ö!)*
2.	**vek·ur**	**vek·jið**	**vak·tir**	**vök·tuð** *(Ö!)*
3.	**vek·ur**	**vek·ja**	**vak·ti**	**vök·tu** *(Ö!)*

Partizip: **vak·inn** *(m Ez)*, **vak·in** *(w Ez)*, **vak·ið** *(s Ez)*; **vak·tir** *(m Mz)*, **vak·tar** *(w Mz)*, **vak·in** *(s Mz)*

Starke Verben

Bei starken Verben werden (wie in der Literatur üblich) immer angegeben: Grundform, 1. Pers. Ez Gegenwart, 3. Pers Ez Vergangenheit, 1. Pers. Mz Vergangenheit, Partizip in der Form s Ez für die Kombination mit geta „können". Beispiel: **bjóð·a, býð, bauð, buðum, boðið: býð** = ich biete, **bauð** = er bot, **buðum** = wir boten, **boðið** = geboten. Aus diesen Formen können alle anderen Formen erschlossen werden. Auch bei den starken Verben hängen die Gegenwartsformen in der Ez vom letzten Buchstaben im Stamm ab. Beispiele: **fá, far·a, frjós·a, vax·a, kom·a.** In Ausnahmefällen wird noch die 1. Pers. Mz Gegenwart angegeben, wenn sie von der 1. Pers. Ez Gegenwart abweicht.

Stamm auf Vokal

	Gegenwart		Vergangenheit	
	Ez	Mz	Ez	Mz
1.	**fæ·-**	**fá·um**	**fékk·-**	**feng·um**
2.	**fæ·rð**	**fá·ið**	**fékk·st**	**feng·uð**
3.	**fæ·r**	**fá·-**	**fékk·-**	**feng·u**

Partizip: **feng·inn** *(m Ez)*, **feng·in** *(w Ez)*, **feng·ið** *(s Ez);* **feng·nir** *(m Mz)*, **feng·nar** *(w Mz)*, **feng·in** *(s Mz)*

Stamm auf -r

	Gegenwart		Vergangenheit	
	Ez	Mz	Ez	Mz
1.	**fer·-**	**för·um** *(Ö!)*	**fór·-**	**fór·um**
2.	**fer·ð**	**far·ið**	**fór·st**	**fór·uð**
3.	**fer·-**	**far·a**	**fór·-**	**fór·u**

Partizip: **far·inn** *(m Ez)*, **far·in** *(w Ez)*, **far·ið** *(s Ez);* **far·nir** *(m Mz)*, **far·nar** *(w Mz)*, **far·in** *(s Mz)*

Stamm auf -s

	Gegenwart		Vergangenheit	
	Ez	Mz	Ez	Mz
1.	**frýs·-**	**frýs·um**	**fraus·-**	**frus·um**
2.	**frýs·t**	**frýs·ið**	**fraus·t**	**frus·uð**
3.	**frýs·-**	**frýs·a**	**fraus·-**	**frus·u**

Partizip: **fros·inn** *(m Ez)*, **fros·in** *(w Ez)*, **fros·ið** *(s Ez);*
fros·nir *(m Mz)*, **fros·nar** *(w Mz)*, **fros·in** *(s Mz)*

Stamm auf -x

	Gegenwart		Vergangenheit	
	Ez	Mz	Ez	Mz
1.	**vex·-**	**vöx·um** *(Ö!)*	**óx·-**	**ux·um**
2.	**vex·-**	**vax·ið**	**óx·st (óx·t)**	**ux·uð**
3.	**vex·-**	**vax·a**	**óx·-**	**ux·u**

Partizip: **vax·inn** *(m Ez)*, **vax·in** *(w Ez)*, **vax·ið** *(s Ez);*
vax·nir *(m Mz)*, **vax·nar** *(w Mz)*, **vax·in** *(s Mz)*

Stamm auf Konsonant außer -r, -s, -x

	Gegenwart		Vergangenheit	
	Ez	Mz	Ez	Mz
1.	**kem·-**	**kom·um**	**kom·-**	**kom·um**
2.	**kem·ur**	**kom·ið**	**kom·st**	**kom·uð**
3.	**kem·ur**	**kom·a**	**kom·-**	**kom·u**

Partizip: **kom·inn** *(m Ez)*, **kom·in** *(w Ez)*, **kom·ið** *(s Ez);*
kom·nir *(m Mz)*, **kom·nar** *(w Mz)*, **kom·in** *(s Mz)*

-st-Verben

Eine große Anzahl von starken und schwachen Verben hängen an die oben gezeigten Formen das Anhängsel **-st** an, das früher

„selbst“ bedeutete, heute aber oft die Bedeutung des Verbs insgesamt verändert. **-st** verdrängt dabei **-ð, -rð, -r** und **-ur,** ansonsten fügt es sich einfach an die Form an. Beispiele: **kall·ast** (v1), **seg·jast** *(v2),* **skil·jast** *(v3)* und **kom·ast** *(stV).* Die Partizipformen sind immer angegeben, da hier die Regeln recht kompliziert sind!

	Gegenwart		Vergangenheit	
	Ez	Mz	Ez	Mz
1.	**kall·ast**	**köll·umst** *(Ö!)*	**kall·aðist**	**köll·uðumst** *(Ö!)*
2.	**kall·ast**	**kall·ist**	**kall·aðist**	**köll·uðust** *(Ö!)*
3.	**kall·ast**	**kall·ast**	**kall·aðist**	**köll·uðust** *(Ö!)*
Partizip: **kall·ast** *(s Ez),* andere Formen sind ungebräuchlich				

	Gegenwart		Vergangenheit	
	Ez	Mz	Ez	Mz
1.	**seg·ist**	**seg·jumst**	**sag·ðist**	**sög·ðumst** *(Ö!)*
2.	**seg·ist**	**seg·ist**	**sag·ðist**	**sög·ðust** *(Ö!)*
3.	**seg·ist**	**seg·jast**	**sag·ðist**	**sög·ðust** *(Ö!)*
Partizip: **sag·st** *(s Ez)*				

	Gegenwart		Vergangenheit	
	Ez	Mz	Ez	Mz
1.	**skil·-**	**skil·jumst**	**skil·dist**	**skil·dumst**
2.	**skil·st**	**skil·ist**	**skil·dist**	**skil·dust**
3.	**skil·st**	**skil·jast**	**skil·dist**	**skil·dust**
Partizip: **skil·ist** *(s Ez)*				

	Gegenwart		Vergangenheit	
	Ez	Mz	Ez	Mz
1.	**kem·st**	**kom·umst**	**kom·st**	**kom·umst**
2.	**kem·st**	**kom·ist**	**kom·st**	**kom·ust**
3.	**kem·st**	**kom·ast**	**kom·st**	**kom·ust**
Partizip: **kom·ist**				

Beugungstabelle Adjektive

Für die Adjektive werden die starken Formen angegeben, die verwendet werden, wenn das Nomen ohne bestimmten Artikel steht (**stór hestur** = ein großes Pferd), und die schwachen, wenn das Nomen mit bestimmtem Artikel steht (**stóri hesturinn** = das große Pferd).

Adjektive mit -ur in m Nom. Ez: e1

svak·ur, -, -t Starke Formen:			
Einzahl	m	w	s
Nom.	**svak·ur**	**svök·-** *(Ö!)*	**svak·t**
Akk.	**svak·an**	**svak·a**	**svak·t**
Dat.	**svök·um** *(Ö!)*	**svak·ri**	**svök·u** *(Ö!)*
Gen.	**svak·s**	**svak·rar**	**svak·s**
Mehrzahl	m	w	s
Nom.	**svak·ir**	**svak·ar**	**svök·-** *(Ö!)*
Akk.	**svak·a**	**svak·ar**	**svök·-** *(Ö!)*
Dat.	**svök·um** *(Ö!)*	**svök·um** *(Ö!)*	**svök·um** *(Ö!)*
Gen.	**svak·ra**	**svak·ra**	**svak·ra**
Schwache Formen: **svak·i, svak·a, svök·u** *(Ö!)*			

Adjektive mit -r in m Nom. Ez: e2

blá·r, -, blátt Starke Formen:			
Einzahl	m	w	s
Nom.	**blá·r**	**blá·-**	**blá·tt**
Akk.	**blá·an**	**blá·a**	**blá·tt**
Dat.	**blá·um**	**blá·rri**	**blá·u**
Gen.	**blá·s**	**blá·rrar**	**blá·s**

Mehrzahl	m	w	s
Nom.	blá·ir	blá·ar	blá·-
Akk.	blá·a	blá·ar	blá·-
Dat.	blá·um	blá·um	blá·um
Gen.	blá·rra	blá·rra	blá·rra
Schwache Formen: blá·i, blá·a, blá·u			

Adjektive auf -ll / -nn in m Nom. Ez: e3 / e4

hrein·n, hrein, hreint Starke Formen:			
Einzahl	m	w	s
Nom.	hrein·n	hrein·-	hrein·t
Akk.	hrein·an	hrein·a	hrein·t
Dat.	hrein·um	hrein·ni	hrein·u
Gen.	hrein·s	hrein·nar	hrein·s
Mehrzahl	m	w	s
Nom.	hrein·ir	hrein·ar	hrein·-
Akk.	hrein·a	hrein·ar	hrein·-
Dat.	hrein·um	hrein·um	hrein·um
Gen.	hrein·na	hrein·na	hrein·na
Schwache Formen: hrein·i, hrein·a, hrein·u. Adjektive auf -ll werden ebenso gebeugt.			

Adjektive ohne Endung in m Nom. Ez (-r gehört zum Stamm): e5

stór, -, -t Starke Formen:			
Einzahl	m	w	s
Nom.	stór·-	stór·-	stór·t
Akk.	stór·an	stór·a	stór·t
Dat.	stór·um	stór·ri	stór·u
Gen.	stór·s	stór·rar	stór·s

Mehrzahl	m	w	s
Nom.	stór·ir	stór·ar	stór·-
Akk.	stór·a	stór·ar	stór·-
Dat.	stór·um	stór·um	stór·um
Gen.	stór·ra	stór·ra	stór·ra
Schwache Formen: stór·i, stór·a, stór·u			

Adjektive auf -aður in m Nom. Ez: e6

gallað·ur, gölluð, gallað Starke Formen:			
Einzahl	m	w	s
Nom.	gallað·ur	gölluð·- *(Ö!)*	gallað·-
Akk.	gallað·an	gallað·a	gallað·-
Dat.	gölluð·um *(Ö!)*	gallað·ri	gölluð·u
Gen.	gallað·s	gallað·rar	gallað·s
Mehrzahl	m	w	s
Nom.	gallað·ir	gallað·ar	gölluð·- *(Ö!)*
Akk.	gallað·a	gallað·ar	gölluð·- *(Ö!)*
Dat.	gölluð·um *(Ö!)*	gölluð·um *(Ö!)*	gölluð·um *(Ö!)*
Gen.	gallað·ra	gallað·ra	gallað·ra
Schwache Formen: gallað·i, gallað·a, gölluð·u *(Ö!)*			

Adjektive auf -inn in m Nom. Ez: e7

bú·inn, -in, -ið Starke Formen:			
Einzahl	m	w	s
Nom.	bú·inn	bú·in	bú·ið
Akk.	bú·nan	bú·na	bú·ið
Dat.	bú·num	bú·inni	bú·nu
Gen.	bú·ins	bú·innar	bú·ins

Mehrzahl	m	w	s
Nom.	**bú·nir**	**bú·nar**	**bú·in**
Akk.	**bú·na**	**bú·nar**	**bú·in**
Dat.	**bú·num**	**bú·num**	**bú·num**
Gen.	**bú·inna**	**bú·inna**	**bú·inna**
Schwache Formen: **bú·ni, bú·na, bú·nu**			

Liste starker Verben

Folgende Formen werden angegeben:

1. Infinitiv (Grundform; z. B.: **biða**)
2. „ich"-Form der Gegenwart (z. B. **ég bið** = „ich warte")
3. Ez-Stamm („ich, du, er/sie") für die Vergangenheit (z. B. **beið**)
4. Mz-Stamm („wir, ihr, sie") für die Vergangenheit (z. B. **bið**)
5. sächliches Partizip (Mittelwort der Vergangenheit; z. B. **beðið** „gewartet")

1.	2.	3.	4.	5.
afrek·a	**afrek**	**afrak**	**afrákum**	**afrekið**
ak·a	**ek**	**ók**	**ókum**	**ekið**
al·a	**el**	**ól**	**ólum**	**alið**
auk·a(st)	**eyk(st)**	**jók(st)**	**jukum(st)**	**aukið (aukist)**
ákveð·a	**ákveð**	**ákvað**	**ákváðum**	**ákveðið**
álit·a	**álit**	**áleit**	**álitum**	**álitið**
ber·a(st)	**ber(st)**	**bar(st)**	**bárum(st)**	**borið (borist)**
bið·ja(st)	**bið(st)**	**bað(st)**	**báðum(st)**	**beðið (beðist)**

1.	2.	3.	4.	5.
bind·a(st)	bind (binst)	batt (bast)	bundum(st)	bundið (bundist)
bíð·a	bíð	beið	biðum	beðið
bít·a	bít	beit	bitum	bitið
bjóð·a	býð	bauð	buðum	boðið
blás·a	blæs	blés	blésum	blásið
bregð·a(st)	bregð (bregst)	brá(st)	brugðum(st)	brugðið (brugðist)
brenn·a	brenn	brann	brunnum	brunnið
brest·a	brest	brast	brustum	brostið
brjót·a	brýst	braust	brustum	brostið
bú·a(st)	bý(st)	bjó(st)	bjuggum(st)	búið (búist)
dett·a	dett	datt	duttum	dottið
dey·ja	dey	dó	dóum	dáið
drag·a(st)	dreg(st)	dró(st)	drógum(st)	dregið (dregist)
drekk·a	drekk	drakk	drukkum	drukkið
drep·a	drep	drap	drápum	drepið
dríf·a	dríf	dreif	drifum	drifið
drjúp·a	drýp	draup	drupum	dropið
eig·a	á	átti	áttum	átt
ét·a	ét	át	átum	étið
fall·a(st)	fell(st)	féll(st)	féllum(st)	fallið (fallist)
far·a	fer	fór	fórum	farið
fá	fæ	fékk	fengum	fengið
fá·st	fæst	fékkst	fengumst	fáist
fel·a(st)	fel(st)	fól(st)	fólum(st)	falið (falist)
finn·a(st)	finn(st)	fann(st)	fundum(st)	fundið (fundist)

1.	2.	3.	4.	5.
fjúk·a	fýk	fauk	fukum	fokið
fljót·a	flýt	flaut	flutum	flotið
fljúg·a	flýg	flaug	flugum	flogið
frjós·a	frýs	fraus	frusum	frosið
gang·a(st)	geng(st)	gekk(st)	gengum(st)	gengið (gengist)
gef·a(st)	gef(st)	gaf(st)	gáfum(st)	gefið (gengist)
get·a	get	gat	gátum	getað (gekonnt) / getið (geraten)
gjós·a	gýs	gaus	gusum	gosið
gjót·a	gýt	gaut	gutum	gotið
graf·a	gref	gróf	grófum	grafið
grát·a	græt	grét	grétu	grátið
gríp·a	gríp	greip	gripum	gripið
gró·a	græ	greri	grerum	gróið
haf·a	hef	hafði	höfðum *(Ö!)*	haft
hald·a	held	hélt	héldum	haldið
hef·ja(st)	hef(st)	hóf(st)	hófum(st)	hafið (hafist)
hlað·a	hleð	hlóð	hlóðum	hlaðið
hlaup·a	hleyp	hljóp	hlupum	hlaupið
hljót·a	hlýt	hlaut	hlutum	hlotið
hlæ·ja	hlæ	hló	hlógum	hlegið
hnjót·a	hnýt	hnaut	hnutum	hnotið
hrind·a	hrind	hratt	hrundum	hrundið
hríf·a	hríf	hreif	hrifum	hrifið
hrjót·a	hrýt	hraut	hrutum	hrotið

1.	2.	3.	4.	5.
hrökk·va	hrekk	hrökk	hrukkum	hrokkið
hverf·a	hverf	hvarf	hurfum	horfið
kal·a	kelur	kól	-	kalið
kjós·a	kýs	kaus	kusum	kosið
klíf·a	klíf	kleif	klifum	klifið
kljúf·a	klýf	klauf	klufum	klofið
kom·a(st)	kem(st)	kom(st)	komum(st)	komið (komist)
krjúp·a	krýp	kraup	krupum	kropið
kunn·a	kann	kunni	kunnum	kunnið
lát·a(st)	læt(st)	lét (lést)	létum(st)	látið (látist)
leik·a	leik	lék	lékum	leikið
lek·a	lek	lak	lákum	lekið
les·a	les	las	lásum	lesið
ligg·ja	ligg	lá	lágum	legið
líð·a	líð	leið	liðum	liðið
lít·a	lít	leit	litum	litið
ljúg·a	lýg	laug	lugum	logið
ljúk·a	lýk	lauk	lukum	lokið
meg·a	má	mátti	máttum	mátt
met·a	met	mat	mátum	metið
míg·a	míg	meig	migum	migið
mun·a	man	munum	mundi	munað
nem·a	nem	nam	námum	numið
njót·a	nýt	naut	nutum	notið
nú·a	ný	neri	nerum	núið
ráð·a(st)	ræð(st)	réð(st)	réðum(st)	ráðið (ráðist)
rek·a(st)	rek(st)	rak(st)	rákum(st)	rekið (rekist)

1.	2.	3.	4.	5.
renn·a	renn	rann	runnum	runnið
ríð·a	ríð	reið	riðum	riðið
ríf·a(st)	ríf(st)	reif(st)	rifum(st)	rifið (rifist)
rís·a	rís	reis	risum	risið
rjúf·a	rýf	rauf	rufum	rofið
rjúk·a	rýk	rauk	rukum	rokið
ró·a	ræ	reri	rerum	róið
sit·ja	sit	sat	sátum	setið
sjá	sé	sá	sáum	séð
sjóð·a	sýð	sauð	suðum	soðið
sjúg·a	sýg	saug	sugum	sogið
sker·a	sker	skar	skárum	skorið
skín·a	skín	skein	skinum	skinið
skít·a	skít	skeit	skitum	skitið
skjálf·a	skelf	skalf	skulfum	skolfið
skjót·a(st)	skýt (skýst)	skaut (skaust)	skutum(st)	skotið (skotist)
skrepp·a	skrepp	skrapp	skruppum	skroppið
skríð·a	skríð	skreið	skriðum	skriðið
slá(st)	slæ(st)	sló(st)	slógum(st)	slegið (slegist)
slíta	slít	sleit	slitum	slitið
slökk·va	slekk	slökkvum	slökkti	slökkt
smell·a	smell	small	smullum	smollið
snert·a	snert	snart	snurtum	snortið
snú·a(st)	sný(st)	sneri(st)	snerum(st)	snúið (snúist)
sof·a	sef	svaf	sváfum	sofið
spring·a	spring	sprakk	sprungum	sprungið

1.	2.	3.	4.	5.
stand·a(st)	stend (stenst)	stóð(st)	stóðum(st)	staðið (staðist)
stel·a	stel	stal	stálum	stolið
sting·a	sting	stakk	stungum	stungið
stíg·a	stíg	steig	stigum	stigið
strjúk·a	strýk	strauk	strukum	strokið
stökk·va	stekk	stökk	stukkum	stokkið
svíð·a	svíð	sveið	sviðu	sviðið
svík·ja	svík	sveik	svikum	svikið
syng·ja	syng	söng	sungum	sungið
sökkv·a	sekk	sökk	sukkum	sokkið
tak·a(st)	tek(st)	tók(st)	tókum(st)	tekið (tekist)
trođ·a	treð	tróð	tróðum	troðið
umgang·ast	-gengst	-gekkst	-gengumst	-gangist
vað·a	veð	óð	óðum	vaðið
vald·a	veld	olli	ollum	valdið
vax·a	vex	óx	uxum	vaxið
veg·a	veg	vó	vógum	vegið
veld·a	veld	olli	ollum	valdið
vell·a	vell	vall	ullum	ollið
velt·a	velt	valt	ultum	oltið
vera	er	var	vorum	verið
verð·a	verð	varð	urðum	orðið
vind·a	vind	vatt	undum	undið
vinn·a	vinn	vann	unnum	unnið
vit·a	veit	vissi	vissum	vitað
þjót·a	þýt	þaut	þutum	þotið
þríf·a	þríf	þreif	þrifum	þrifið
þurf·a	þarf	þurfti	þurftum	þurft

Liebe Leserin, lieber Leser,

ein unabhängiger Verlag für unabhängig Reisende – das sind wir, der Reise Know-How Verlag aus Bielefeld, eines der letzten Familienunternehmen in der Branche. Obwohl wir zu den größten Reiseführerverlagen Deutschlands gehören, ist der familiäre Umgang miteinander in allen Bereichen des Verlagslebens zu spüren: In der Geschäftsführung in zweiter Generation, in einer wertschätzenden Arbeitsatmosphäre, in der Nähe zu unseren frei arbeitenden Autorinnen und Autoren und im engen Austausch mit unseren Leserinnen und Lesern.

Alles, was wir in unsere Bücher und Landkarten stecken, soll Ihnen eines ermöglichen: Auf Ihre ganz eigene, individuelle Weise die Welt zu entdecken. Wir wünschen Ihnen viel Freude und unvergessliche Erlebnisse mit diesem Sprachführer.

Es grüßen herzlich
Peter Rump & Wayan Rump

Der Autor

Richard H. Kölbl begann Isländisch zu lernen zu einer Zeit im vergangenen Jahrhundert, da in Island die Ringstraße noch weitgehend ungeteert und ein darauf radfahrender, regentriefender Tourist eine kleine Sensation war. Während eines Geologiestudiums 1991/92 (das damals noch inklusive aller Prüfungen vollständig in gnadenlosem Isländisch ablief) und zahlreichen Aufenthalten danach wurde die Sprache wie zu einer Zweitsprache für ihn, in und mit der er seit über 30 Jahren lebt, auch im Alltag zuhause (so eine Geheimsprache, die sonst niemand lesen kann, hat schon etwas). In gelegentlichen Buchübersetzungen lotet er die scheinbar unergründlichen Tiefen des isländischen Wortschatzes aus, lernt immer noch dazu und versucht, mit diesem Sprachführer anderen Interessierten einen Einstieg in diese faszinierende und eigenwillige Sprache zu bieten, die vielleicht so etwas ist wie die Urgroßtante unserer eigenen?

Impressum

Richard H. Kölbl
Isländisch – Wort für Wort

erschienen im
Reise Know-How Verlag Peter Rump GmbH,
Osnabrücker Str. 79, 33649 Bielefeld

10. neu bearbeitete und verbesserte Auflage 2022

ISBN 978-3-8317-6567-6

Gestaltung und Bearbeitung: der Verlag
Kartografie: Thomas Buri
Fotos: der Autor, AdobeStock (Cover – tawatchai1990)
Druck und Bindung
mediaprint solutions GmbH, Paderborn

Bibliografische Information der Deutschen Nationalbibliothek
Die Deutsche Nationalbibliothek verzeichnet diese Publikation in der Deutschen Nationalbibliografie; detaillierte bibliografische Daten sind im Internet über http://dnb.dnb.de abrufbar.

Reise Know-How Bücher finden Sie in allen gut sortierten Buchhandlungen.
Falls nicht, kann Ihre Buchhandlung unsere Bücher hier bestellen:
D: Prolit GmbH, prolit.de und alle Barsortimente
CH: AVA Verlagsauslieferung AG, ava.ch
A: Freytag-Berndt und Artaria KG, freytagberndt.com
B, Lux, NL: Willems Adventure, willemsadventure.nl
oder direkt über den Verlag: www.reise-know-how.de

Effektiver Sprachen lernen –

Aussprache trainieren

1. In diesem Buch gibt es kostenlose Aussprachebeispiele zum Anhören.

Die QR-Codes im Buch mit dem Smartphone scannen, um zu den zugehörigen Aussprachebeispielen zu kommen. Alternativ kann man diese auch unter: www.reise-know-how.de/kauderwelsch/013 erreichen.

2. Unsere separat erhältlichen AusspracheTrainer bieten noch umfangreicheres Tonmaterial und ermöglichen so ein unkompliziertes Erlernen der neuen Sprache, auch unabhängig von den jeweiligen Kauderwelsch-Büchern.